墨人 著

本全集保留作者手批手稿

墨人博士作品全集【全60冊】

第四十二冊 青雲路

文史哲出版社印行

國家圖書館出版品預行編目資料

墨人博士作品全集 / 墨人著 -- 初版 -- 臺北
市:文史哲, 民 100.12
頁： 公分
ISBN 978-957-549-987-7 (全套 60 冊：平裝)

1.現代文學 2. 中國文學 3.別集

848.6 100022602

墨人博士作品全集【全60冊】

第四十二冊 青雲路

著 者：墨 人
出 版 者：文 史 哲 出 版 社
http://www.lapen.com.tw
登記證字號：行政院新聞局版臺業字五三三七號
發 行 人：彭 正 雄
發 行 所：文 史 哲 出 版 社
印 刷 者：文 史 哲 出 版 社
臺北市羅斯福路一段七十二巷四號
郵政劃撥帳號：一六一八〇一七五
電話886-2-23511028 · 傳真886-2-23965656

【全60冊】定價新臺幣 36,800 元

中華民國一百年（2011）十二月初版

ISBN 978-957-549-987-7 08992

墨人博士著作品全集　總　目

一、散文類

二、長篇小說

三、中短篇小說散文合集

四、詩詞及論評

附：外篇

墨人的一部文學千秋史

張萬熙先生，筆名墨人，江西九江人，民國九年生。爲一位享譽國內外名小說家、詩人、學者。歷任軍、公、教職。六十五歲始自從國民大會簡任一級加年功俸的資料組長兼圖書館長公職崗位退休，但已是中國文壇上一位閃亮的巨星。出版有：《全唐詩尋幽探微》、《紅樓夢的寫作技巧》、二百九十多萬字的大長篇小說《紅塵》、《白雪青山》、《春梅小史》；詩集：《哀祖國》；散文集：《小園昨夜又東風》……。民國五十年、五十一年連續以短篇小說，兩次入選維也納納富出版公司出版的《世界最佳小說選集》。七十歲時自東吳大學中文系教席二度退休，仍著述不輟，爲國寶級文學家。墨人博士在臺勤於創作六十多年（在大陸時期已創作十年），並以其精通儒、釋、道之學養，綜理戎機、參贊政務、作育英才，更以其對傳統文學的精湛造詣，與對新文藝的創作，在國際上贏得無數榮譽，如：美國世界大學榮譽文學博士、美國馬奎士國際大學榮譽文學博士、美國艾因斯坦國際學院榮譽人文學博士（包括哲學、文學、藝術、語言四類）、英國劍橋國際傳記中心副總裁（代表亞洲）、英國莎士比亞詩、小說與人文學獎得主，現在出版《全集》中。

壹、家世・堂號

張萬熙先生，江西省德化人（今九江），先祖玉公，明末時以提督將軍身份鎮守雁門關，蒙古騎兵入侵，戰死於東昌，後封爲「河間王」。其子輔公，進士出身，歷任文官。後亦奉召領兵「三定交趾」，因戰功而封爲「定興王」。其子貞公亦有兵權，因受奸人陷害，自蘇州嘉定（即今上海市一區），謫居潯陽（今江西九江）。祖宗牌位對聯爲：嘉定源流遠，潯陽歲月長；右書「清河郡」、左寫「百忍堂」。

貳、來臺灣的過程

民國三十八年，時局甚亂，張萬熙先生攜家帶眷，在兵荒馬亂人心惶惶時，張先生從湖南長沙火車站，先將一千多度的近視眼弱妻，與四個七歲以下子女，從車窗口塞進車廂，自己則擠在廁所內動彈不得，千辛萬苦的從湖南長沙搭火車南下廣州，從廣州登商輪來臺。七月三日抵基隆，由同學顧天一先生，接到臺北縣永和鎮鄉下暫住。

參、在臺灣一甲子奮鬥的過程

一、初到臺灣的生活

家小安頓妥後，張萬熙先生先到臺北萬華，一家新創刊的《經濟快報》擔任主編，但因財務不濟，四個月不到便草草結束。幸而另謀新職，舉家遷往左營擔任海軍總司令辦公室秘書，負責紀錄整理所有軍務會報紀錄。

民國四十六年，張先生自左營來臺北任職國防部史政局編纂《北伐戰史》（歷時五年多浩大工程，編成綠布面精裝本、封面燙金字《北伐戰史》叢書），完成後在「八二三」炮戰前夕又調任國防部總政治部，主管陸、海、空、聯勤文宣業務，四十七歲自軍中正式退役後轉任文官，在臺北市中山堂的國民大會主編研究世界各國憲法政治的十六開大本的《憲政思潮》，作者、譯者都是台灣大學、政治大學的教授、系主任，首開政治學術化先例。

張先生從左營遷到臺北大直海軍眷舍，只是由克難的甘蔗板隔間眷舍改爲磚牆眷舍，大小一般，但邊間有一片不小的空地，子女也大了，不能再擠在一間房屋內，因此，張先生加蓋了三間竹屋安頓他們。但眷舍右上方山上是一大片白色天主教公墓，在心理上有一種「與鬼爲鄰」的感覺。張夫人有一千多度的近視眼，她看不清楚，子女看見嘴裡不講，心裡都不舒服。張先生自軍中假退役後，只拿八成俸。

張先生因爲有稿費、版稅，還有些積蓄，除在左營被姓譚的同學騙走二百銀元外，剩下的積蓄還可以做點別的事。因爲住左營時在銀行裡存了不少舊臺幣，那時左營中學附近的土地只要三塊多錢一坪，張先生可以買一萬多坪。但那時政府的口號是「一年準備，兩年反攻，三年掃蕩，五年成功。」張先生信以爲真，三十歲左右的人還是「少不更事」，平時又忙著上班、寫作，實在不懂政治、經濟大事，以爲政府和「最高領袖」不會騙人，五年以內真的可以回大陸，張先生又有「戰士授田證」。沒想到一改用新臺幣，張先生就損失一半存款，呼天不應。但天理不容，姓譚的同學不但無后，也死了三十多年，更沒沒無聞。張先生作人、看人的準則是：無論幹什麼都是「誠信」第一，因果比法律更公平、更準。欺人不可欺心，否則自食其果。

二、退休後的寫作生活

張先生四十七歲自軍職退休後，轉任台北市中山堂國大會主編十六開大本研究各國憲法政治的《憲政思潮》十八年，時任簡任一級資料組長兼圖書館長。並在東吳大學兼任副教授二十年、香港廣大學院指導教授、講座教授、指導論文寫作、不必上課。六十四歲時即請求自公職提前退休，以業務重要不准，但取得國民大會秘書長（北京朝陽大學法律系畢業）何宜武先生的首肯，六十五歲依法退休。當時國民大會、立法院、監察院簡任一級主管多延至七十歲退休，因所主管業務富有政治性，與單純的行政工作不同，六十五歲時張先生雖達法定退休年齡，還是延長了四個月才正式退休，何秘書長宜武大惑不解地問張先生：「別人請求延長退休而不可得，你爲什麼反而要求退休？」張先生答以「專心寫作」，何秘書長才坦然不疑。退休後日夜寫作，因胸有成竹，很快完成了一百九十多萬字的大長篇小說《紅塵》，在鼎盛時期的《臺灣新生報》連載四年多，開中國新聞史中報紙連載最大長篇小說先河。但報社還不敢出版，經讀者熱烈反映，才出版前三大冊。當年十二月即獲行政院新聞局「著作金鼎獎」與嘉新文化基金會「優良著作獎」，亦無前例。《台灣新生報》又出九十三章至一百二十二章，只好名爲《續集》。墨人在書前題五言律詩一首：

浩劫未埋身，揮淚寫紅塵，非名非利客，孰晉孰秦人？
毀譽何清問?吉凶自有因。天心應可測，憂道不憂貧。

二〇〇四年初，巴黎 youfeng 書局出版豪華典雅的法文本《紅塵》，亦開「五四」以來中文作家大長篇小說進入西方文學世界重鎭先河。時爲巴黎舉辦「中國文化年」期間，兩岸作家多由政府資助出席，張先生未獲任何資助，亦未出席，但法文本《紅塵》卻在會場展出，實為一大諷刺。張先生一生「只問耕耘，不問收穫」的寫作態度，七十多年來始終如一，不受任何外在因素影響。

肆、特殊事蹟與貢獻

一、《紅塵》出版與中法文學交流

《紅塵》寫作時間跨度長達一世紀，由清朝末年的北京龍氏家族的翰林第開始，寫到八國聯軍、滿清覆亡、民國初建、八年抗日、國共分治下的大陸與臺灣，續談臺灣的建設發展、開放大陸探親等政策。空間廣度更遍及大陸、臺灣、日本、緬甸、印度，是一部中外罕見的當代文學鉅著。墨人五十七歲時應邀出席在西方文藝復興聖地佛羅倫斯所舉辦的首屆國際文藝交流大會，會後環遊地球一周。七十歲時應邀訪問中國大陸四十天，次年即出版《大陸文學之旅》。《紅塵》一書最早於臺灣新生報連載四年多，並由該報連出三版，臺灣新生報易主後，將版權交由昭明出版社出版定本六卷。由於本書以百年來外患內亂的血淚史為背景，寫出中國人在歷史劇變下所顯露的生命態度、文化認知、人性的進取與沉淪，引起中外許多讀者極大共鳴與回響。

旅法學者王家煜博士是法國研究中國思想的權威，曾參與中國古典文學的法文百科全書翻譯工作，他認為深入的文化交流仍必須透過文學，而其關鍵就在於翻譯工作。從五四運動以來，中西文化交流一直是西書中譯的單向發展。直到九十年代文建會提出「中書外譯」計畫，臺灣作家才逐漸被介紹到西方，如此文學鉅著的翻譯，算是一個開始。

王家煜在巴黎大學任教中國上古思想史，他指出《紅塵》一書中所引用的詩詞以及蘊含中國思想的博大精深，是翻譯過程中最費工夫的部分。爲此，他遍尋參考資料，並與學者、詩人討論，歷時十年終於完成《紅塵》的翻譯工作，本書得以出版，感到無比的欣慰。他笑著說，這可說是「十年寒窗」。

《紅塵》法文譯本分上下兩大冊，已由法國最重要的中法文書局「友豐書店」出版。友豐負責人潘立輝謙沖寡言，三十年多來，因對中法文化交流有重大貢獻而獲得法國授予文化「騎士勳章」的榮譽。他於五年前開始成立出版部，成爲歐洲一家以出版中國圖書法文譯著爲主業的華人出版社。

潘立輝表示，王家煜先生的法文譯筆典雅、優美而流暢，使他收到「紅塵」譯稿時，愛得不忍釋手，他以一星期的時間一口氣看完，經常讀到凌晨四點。他表示出版此書不惜成本，不太可能賺錢，卻感到十分驕傲，因爲本書能讓不懂中文的旅法華人子弟，更瞭解自己文化根源的可貴之處，同時，本書的寫作技巧必對法國文壇有極大影響。

二、不擅作生意

張先生在六十五歲退休之前，完全是公餘寫作，在軍人、公務員生活中，張先生遭遇的挫折不少。軍職方面，張先生只升到中校就不做了，因爲過去稱張先生爲前輩、老長官的人都成爲張先生的上司，張先生怎麼能做？因爲張先生的現職是軍聞社資料室主任（他在南京時即任國防部新創立的「軍事新聞總社」實際編輯主任，因言守元先生是軍校六期老大哥，未學新聞，不在編輯之列）。但張先生以不求官，只求假退役，不擋人官路，這才退了下來。那時養來亨雞風氣盛行，在南京軍聞總社任外勤記者的姚秉凡先生頭腦靈活，他即時養來亨雞，張先生也「東施效顰」，結果將過去稿費積蓄全都賠光。

三、家庭生活與運動養生

張先生大兒子考取中國廣播公司編譯，結婚生子，廿七年後才退休，長孫修明取得美國南加州大學電機碩士學位，之後即在美國任電機工程師。五個子女均各婚嫁，小兒子選良以獎學金取得美國華盛頓大學化學工程博士，媳蔡傳惠爲伊利諾理工學院材料科學碩士，兩孫亦已大學畢業就業，落地生根。

張先生兩老活到九十一、九十二歲還能照顧自己。（近年以一印尼女「外勞」代做家事）張先生一伏案寫作四、五小時都不休息，與臺大外文系畢業的長子選翰兩人都信佛，六十五歲退休後即吃全素。低血壓十多年來都在五十五至五十九之間，高血壓則在一百一十左右，走路「行如風」，年輕人很多都跟不上張先生，比起初來臺灣時毫不遜色，這和張先生運動有關。因爲張先生住大直後山海軍眷舍八年，眷舍右上方有一大片白色天主教公墓，諸事不順，公家宿舍小，又當西曬，張先生靠稿費維持七口之家和五個子女的教育費。三伏天右手墊塡著毛巾，背後電扇長吹，三年下來，得了風濕病，手都舉不起來，花了不少錢都未治好。後來章斗航教授告訴張先生，圓山飯店前五百完人塚廣場上，有一位山西省主席閻錫山的保鑣王延年先生在教太極拳，勸張先生天一亮就趕到那裡學拳，一定可以治好。張先生一向從善如流，第二天清早就向王延年先生報名請教，王先生有教無類，收張先生這個年已四十的學生，王先生先不教拳，只教基本軟身功攀腿，卻受益非淺。

四、耿直的公務員性格

張先生任職時向來是「不在其位，不謀其政」。後來升簡任一級組長，有一位「地下律師」的專員，平時鑽研六法全書，混吃混喝，與西門町混混都有來往，他的前任為大畫家齊白石女婿，平日公私不分，是非不明，借錢不還，沒有口德，人緣太差，又常約那位「地下律師」專員到家中打牌。那專員平日不簽到，甚至將簽到簿撕毀他都不哼一聲，因為為他多報年齡，屆齡退休時想更改年齡，但是得罪人太多，金錢方面更不清楚，所以不准再改年齡，組長由張先生繼任。

張先生第一次主持組務會報時，那位地下律師就在會報中攻擊圖書科長，張先生立即申斥，並宣佈記過。簽報上去處長都不敢得罪那地下律師，又說這是小事，想馬虎過去，張先生以秘書處名譽紀律為重，非記過不可，讓他去法院告張先生好了。何宜武祕書長是學法的，他看了張先生簽呈同意記過，那位地下律師「專員」不但不敢告，只暗中找一位不明事理的國大「代表」來找張先生的麻煩。因事先有人告訴他，張先生完全不理那位代表，他站在張先生辦公室門口不敢進來，幾分鐘後悄然而退。人不怕鬼，鬼就怕人。諺云：「一正壓三邪」，這是經驗之談。直到張先生退休，那位專員都不敢惹事生非，西門町流氓也沒有找張先生的麻煩，當年的代表十之八九已上「西天」，張先生活到九十二歲還走路「行如風」，一坐到書桌，能連續寫作四、五小時而不倦，不然張先生怎麼能在兩岸出版約三千萬字的作品？

（原載新文豐《紮根台灣六十年》，墨人民國一百年十一月十三日校正）

墨人博士作品全集

文學是千秋藝業
秦皇漢武今何在
李白杜甫仍風流

全集共分四大類
一、散文類　二、小說類
三、文學理論類
四、新詩古典詩詞類

我出生於一個「萬般皆下品，惟有讀書高」的傳統文化家庭，且深受佛家思想影響，因祖母信佛，兩個姑母先後出家，大姑母是帶著賠嫁的錢購買依山傍水風景很好，上名山廬山的必經之地的「天后宮」出家的，小姑母的廟則在鬧中取靜的市區。我是父母求神拜佛後出生的男子，並寄名佛下，乳名聖保，上有二姊下有一妹都夭折了，在那個重男輕女的時代！我自然水漲船高了。我記得四、五歲時一位面目清秀，三十來歲文質彬彬的李瞎子替我算命，母親問李瞎子，我的命根穩不穩？能不能養大成人？李瞎子說我十歲行運，幼年難免多病，可以養大成人，但是會遠走高飛。母親聽了憂喜交集，在那個時代不但妻以夫貴。也以子貴，有兒子在身邊就多了一層保障。母親的心理壓力很大，李瞎子的「遠走高飛」那句話可不是一句好話。

到現在八十多年了，我還記得十分清楚。母親暗自憂心。何況科舉已經廢了，不必「進京趕考」，更不會「當兵吃糧」，安安穩穩作個太平紳士或是教書先生不是很好嗎？我們張家又是大族，人多勢眾，不會受人欺侮，何況二伯父的話此法律更有權威，人人敬仰，去外地「打流」又有什麼好處？因此我剛滿六歲就正式拜孔夫子入學啓蒙，從《三字經》、《百家姓》、《千字文》、《千家詩》、《論語》、《大學》、《中庸》……《孟子》、《詩經》、《左傳》讀完了都要整本背，在十幾位學生中，也只有我一人能背，我背書如唱歌，窗外還有人偷聽，他們實在缺少娛樂。除了我父親下雨天會吹吹笛子、簫，消遣之外，沒有別的娛樂，我自幼歡喜絲竹之音，但是很少聽到。讀書的人也只有我們三房、二房兩兄弟，二伯父在城裡當紳士，偶爾下鄉排難解紛，他是一族之長，更受人尊敬，因爲他大公無私，又有一百八十公分左右的身高，眉眼自有威嚴，能言善道，他的話比法律更有效力，加之民性純樸，真是「夜不閉戶，道不失遺」。只有「夏都」廬山才有這麼好的治安。我十二歲前就讀完了四書、詩經、左傳、千家詩。我最喜歡的是《千家詩》和《詩經》。

關關雎鳩，在河之洲，
窈窕淑女，君子好逑。

我覺得這種詩和講話差不多，可是更有韻味。我就喜歡這個調調。《千家詩》我也喜歡，我背得更熟。開頭那首七言絕句詩就很好懂：

雲淡風清近午天，傍花隨柳過前川。
時人不識余心樂，將謂偷閒學少年。

老師不會作詩，也不講解，只教學生背，我覺得這種詩和講話差不多，但是更有韻味。我也了解大意，我以讀書爲樂，不以爲苦。這時老師方教我四聲平仄，他所知也止於此。

我也喜歡《詩經》，這是中國最古老的詩歌文學，是集中國北方詩歌的大成。可惜三千多首被孔子刪得只剩三百首。孔子的目的是：「詩三百，一言以蔽之，曰思無邪。」孔老夫子將《詩經》當作教條。詩是人的思想情感的自然流露，是最可以表現人性的。先民質樸，孔子既然知道「食色性也」，對先民的集體創作的詩歌就不必要求太嚴，以免喪失許多文學遺產和地域特性。楚辭和詩經不同，就是地域特性和風俗民情的不同。文學藝術不是求其同，而是求其異。這樣才會多彩多姿。文學不應成爲政治工具，但可以移風易俗，亦可淨化人心。我十二歲以前所受的基礎教育，獲益良多，但也出現了一大危機，沒有老師能再教下玄。幸而有一位年近二十歲的姓王的學生在廬山一未立案的國學院求學，他問我想不想去？我自然想去，但廬山夏涼，冬天太冷，父親知道我的心意，並不反對，他對新式的人手是刀尺的教育沒有興趣，我便在飄雪的寒冬同姓王的爬上廬山，我生在平原，這是第一次爬上高山。

在廬山我有幸遇到一位湖南岳陽籍的閻毅字任之的好老師，他只有三十二歲，飽讀詩書，與民國初期的江西大詩人散原老人唱和，他的王字也寫的好。有一天他要六七十位年齡大小不一的學生各寫一首絕句給他看，我寫了一首五絕交上去，廬山松樹不少，我生在平原是看不到松樹的，我是即景生情，信手寫來，想不到閻老師特別將我從大教室調到他的書房去，在他右邊靠牆壁另加一桌一椅，教我讀書寫字，並且將我的名字「熹」改爲「熙」，視我如子。原來是他很欣賞我那首五絕中的「疏松月影亂」這一句。我只有十二歲，不懂人情世故，也不了解他的深意。時任漢口市長張群的侄子張繼文還小我一歲，卻是個天不怕、地不怕的小太保，江西省主席熊式輝的兩個小舅子大我幾歲，閻老師的侄子卻高齡二十八歲。學歷也很懸殊，有上過大學的、高中的，多是對國學有興趣，支持學校的袞袞諸公也都是有心人士，新式學校教育日漸西化，國粹將難傳承，所以創辦了這樣一個尙未立案的國學院，也未大張旗鼓正式掛牌招生，但聞風而至的要人子弟不少，校方也本著「有教無類」的原則施教，閻老師也是義務施教，他與隱居廬山的要人嚴立三先生也有交往。（抗日戰爭一開始嚴立三即出山任湖北省主席，諸閻老師任省政府秘書，此是後話。）同學中權貴子弟亦多，我雖不是當代權貴子弟，但九江先組玉公以提督將軍身分抵抗蒙古騎兵入侵雁門關戰死東昌（雁門關內北京以西縣名，一九九〇年我應邀訪問大陸四十天時去過。）而封河間王；其子輔公。以進士身分出仕，後亦應昭領兵三定交趾而封定興王；其子貞公亦有兵權，因受政客讒害而自嘉定謫居潯陽。大詩人白居易亦曾謫爲江州司馬，我另一筆名即用江州司馬。我是黃帝第五子揮的後裔，他因善造弓箭而賜姓張。遠祖張良是推薦韓信爲劉邦擊敗楚霸王項羽的漢初三傑之首。他有知人之明，深知劉邦可以共患難，不能共安樂，所以悄然引退，作逍遙遊，不像韓信爲劉邦拼命打天下，立下汗馬功勞，雖封三齊王卻死於未央宮呂后之手。這就是不知進退的後果。我很敬佩張良這位遠祖，抗日戰爭初期（一九三八）我爲不作「亡國奴」，即輾轉赴臨時首都武昌以優異成績考取軍校，一位落榜的姓熊的同學帶我們過江去漢口。中共未公開招生的「抗日大學」（當時國共合作抗日，中共在漢口以「抗大」名義吸收人才。）辦事處參觀，接待我們的是一位讀完大學二年級才貌雙全，口才奇佳的女生獨對我說負責保送我免試進「抗大」一期，因未提其他同學，我不去。一年後我又在軍校提前一個月畢業，因我又考取陪都重慶中央政府培養高級軍政幹部的中央訓練團，而特設的新聞「新聞研究班」第一期，與我同期的有爲新詩奉獻心力的覃子豪兄（可惜五十二歲早逝）和中央社東京分社主任兼國際記者協會主席的李嘉兄。他在我訪問東京時曾與我合影留念，並親贈我精裝《日本專欄》三本。他七十歲時過世，這兩張照片我都編入「全集」一百九十多萬字的空前大長篇小說（紅塵）照片類中。而今在台同學只有兩位了。

民國二十八年（一九三九）九月我以軍官、記者雙重身分，奉派到第三戰區最前線的第三十二集團軍上官雲相總部所在地，唐宋八大家之一，又是大政治家王安石，尊稱王荊公的家鄉臨川，（屬撫州市）作軍事記者，時年十九歲，因第一篇戰地特寫《臨川新貌》經第三戰區長官都主辦的行銷甚廣的《前線日報》發表，隨即由淪陷區上海市美國人經營的《大美晚報》轉載，而轉為文學創作，因我已意識到新聞性的作品易成「明日黃花」，文學創作則可大可久，我為了寫大長篇《紅塵》、六十四歲時就請求提前退休，學法出身的秘書長何宜武先生大惑不解，他對我說：

「別人想幹你這個工作我都不給他，你為什麼要退？」我幹了十幾年他只知道我是個奉公守法的張萬熙，不知道我是「作家」墨人，有一次國立師範大學校長劉真先生告訴他張萬熙就是墨人，劉校長看了我在當時的「中國時報」發表的幾篇有關中國文化的理論文章，他希望我繼續寫。劉校長真是有心人。沒想到他在何宜武秘書長面前過獎，使我不能提前退休，要我幹到六十五歲多四個月才退了下來。現在事隔二十多年我才提這件事。鼎盛時期的（台灣新生報）連載四年多的拙作《紅塵》出版前三冊時就同時獲得新聞局著作金鼎獎和嘉新文化基金會「優良著作獎」，劉真校長也是嘉新文化基金會的評審委員之一，他一定也是投贊成票的。「世有伯樂而後有千里馬」。我九十二歲了，現在經濟雖不景氣，但我還是重讀重校了拙作「全集」我一向只問耕耘，不問收穫，我歷任軍、公、教三種性質不同的職務，經過重重考核關卡，寫作七十三年，經過編者的考核更多，我自己從來不辦出版社。我重視分工合作。我頭腦清醒，是非分明，歷史人物中我更敬佩遠祖張良，不是劉邦。張良的進退自如我更歎服。在政治角力場中要保持頭腦清醒，人性尊嚴並非易事。我們張姓歷代名人甚多，我對遠祖張良的進退自如尤為歎服，因此我將民國四十年在台灣出生的幼子依譜序取名選良。他早年留美取得化學工程博士學位，雖有獎學金，但生活仍然艱苦，美國地方大，出入非有汽車不可，這就不是獎學金所能應付的，我不能不額外支持，他取得化學工程博士學位與取得材料科學碩士學位的媳婦蔡傳惠雙雙回台北探親，且各有所成，幼子曾研究生產了飛機太空船用的抗高溫的纖維，媳婦則是一家公司的經理，下屬多是白人，兩孫亦各有專長，在台北出生的長孫是美國南加州大學的電機碩士，在經濟不景氣中亦獲任工程師，我不要第三代走這條文學小徑，是現實客觀環境的教訓，我何必讓第三代跟我一樣忍受生活的煎熬，這會使有文學良心的人精神崩潰的。我因經常運動，又吃全素二十多年，九十二歲還能連寫四、五小時而不倦。我寫作了七十多年，也苦中有樂，但心臟強，又無高血壓，一是得天獨厚，二是生活自我節制，我到現在血壓還是 60－110 之間，沒有變動，寫作也少戴老花眼鏡，走路仍然「行如風」，十分輕快，我在國民大會主編《憲政思潮》十八年，看到不少在大陸選出來的老代表，走路兩腳在地上蹉跎，這就來日不多了。個人的健康與否看他走路就可以判斷，作家寫作如在八十歲以後還不戴老花眼鏡，沒有高血壓，長命百歲絕無問題。如再能看輕名利，不在意得失，自然是仙翁了。健康長壽對任何人都很重要，對詩人作家更重要。

一九九〇年我七十歲應邀訪問大陸四十天作「文學之旅」時，首站北京，我先看望已九十高齡的老前輩散文作家，大家閨秀型的風範，平易近人，不愠不火的冰心，她也「勞改」過，但仍心平氣和。本來我也想看看老舍，但老舍已投湖而死，他的公子舒乙是中國現代文學館的副館長，他也出面接待我，還送了我一本他編寫的《老舍之死》，隨後又出席了北京詩人作家與我的座談會，參加七十賤辰的慶生宴，彈指之間卻已二十多年了。我訪問大陸四十天，次年即由台北「文史哲出版社」出版照片文字俱備的四二五頁的《大陸文學之旅》。不虛此行。大陸文友看了這本書的無不驚異，他們想不到我七十一高齡還有這樣的快筆，而又公正詳實。他們不知我行前的準備工作花了多少時間，也不知道我一開筆就很快。

我拜會的第二位是跌斷了右臂的詩人艾青，他住協和醫院，我們一見如故，他是浙江金華人，卻體格高大，性情直爽如燕趙之士，完全不像南方金華人。我們一見面他就緊握著我的手不放，侃侃而談，我不知道他編《詩刊》時選過我的新詩。在此之前我交往過的詩人作家不少，沒有像他如此豪放真誠，我告別時他突然放聲大哭，陪我去看他的北京新華社社長族侄張選國先生，陪我四十天作《大陸文學之旅》的廣州電視台深圳站站長高麗華女士，文字攝影記者譚海屏先生等多人，不但我爲艾青感傷，陪同我去看艾青的人也心有戚戚焉，所幸他去世後安葬在八寶山中共要人公墓，他是大陸唯一的詩人作家有此殊榮。台灣單身詩人同上校軍文黃仲琮先生，死後屍臭才有人知道，他小我二歲，如我不生前買好八坪墓地，連子女也只好將我兩老草草火化，這是與我共患難一生的老伴死也不甘心的，抗日戰爭時她父親就是我單獨送上江西南城北門外義山土葬的。這是中國人「入土爲安」的共識。也許有讀者會問這和文學創作有什麼關係？但文學創作不是單純的文字工作，而是作者整個文化觀、文學觀，人生觀的具體表現，不可分離。詩人作家不能「瞎子摸象」，還要有「舉一反三」的能力。我做人很低調。寫作也不唱高調，但也會作不平之鳴、仗義直言。我不鄉愿，我重視一步一個腳印，「打高空」可以譁眾邀寵於一時，但「旁觀者清」，讀者中藏龍臥虎，那些不輕易表態的多是高人。高人一旦直言不隱，會使洋洋自得者現出原形。作品一旦公諸於世，一切後果都要由作者自己負責，這也是天經地義的事。

我寫作七十多年無功無祿，我因熬夜寫作頭暈住馬偕醫院一個星期也沒有人知道，更不像大陸的當代作家、詩人是有給制，有同教授的待過，而稿費、版稅都歸作者所有。依據民國九十八年一月十日「中國時報」A十四版「二〇〇八年中國作家富豪榜單」二十五名收入人民幣的數字統計，第一高的郭敬明一年是一千三百萬人民幣，第二名鄭淵潔是一千一百萬人民幣，第三名楊紅櫻是九百八十萬人民幣。最少的第二十五名的李西閩也有一百萬人民幣，以人民幣與台幣最近的滙率近一比四．五而言，現在大陸作家一年的收入就如此之多，是我一九九〇年應邀訪問大陸四十天作文學之旅時所未想像到的，而現在的台灣作家與我年紀相近的二十年前即已停筆，原因之一是發表出版兩難，二是年齡太大了。民國九十八年（二〇〇九）以前就有張漱菡（本名欣禾）、尹雪曼、劉枋、王書川、艾雯、嚴友梅六位去世，嚴友梅還小我四、五歲，小我兩歲的小說家楊念慈則行動不便，鬍鬚相當長，可以賣老了。我托天佑，又自我節制，二十多年來吃全素，又未停止運動，也未停筆，最近在台北榮民總醫院驗血檢查，健康正常。我也有我的養生之道，每天吃枸杞子明目，吃南瓜子抑制攝護腺肥大，多走路、少坐車，伏案寫作四、五小時而不疲倦，此非一日之功。

民國九十八（二〇〇九）己丑，是我來台六十周年，這六十年來只搬過兩次家，第一次從左營搬到台北大直海軍眷舍，在那一大片天主教白色公墓之下，我原先不重視風水，也無錢自購住宅，想不到鄰居的子女有得神經病的，有在金門車禍死亡的，大人有坐牢的，有槍斃的，也有得神經病的，我退役養雞也賠光了過去稿費的積蓄，讀台大外文系的大兒子也生病，我則諸事不順，直到搬到大屯山下坐北朝南的兩層樓的獨門獨院自宅後，自然諸事順遂，我退休後更能安心寫作，遠離台北市區，真是「市遠無兼味，地僻客來稀。」同里鄰的多是市井小民，但治安很好，誰也不知道我是爬格子的，連警察先生也不光顧舍下，除了近十年常有人打電話來騙我，幸未上大當外，我安心過自己的生活。當年「移民潮」去不了美國的也會去加拿大，我是「美國人」的祖父，我不移民美國，更別說去加拿大了。娑婆世界無常，早年即移民美國的琦君（本名潘希真）、彭歌，最後還是回到台灣來了，這不能說台灣是「天堂」，以我的體驗而言是台北市氣候宜人，夏天三十四度以上的日子少，冬天十度以下的日子也很少，老年人更不能適應零度以下的氣溫，我只有冬天上大屯山、七星山頂才能見雪。有高血壓、心臟病的老人更不能適應。我不想做美國公民，做台灣平民六十多年，也沒有自卑感。

娑婆世界是一個無常的世界，天有不測風雲，人有旦夕禍福，老子早說過：「福兮禍所倚，禍兮福所伏。」禍福無門，唯人自招。我一生不起歪念，更不損人利己，與人爲善。雖常吃暗虧，只當作上了一課。這個花花世界是我學不完的大教室，萬丈紅塵其中也有黑洞，我心存善念，更不造文字孽，不投機取巧，不違背良知，蒼天自有公斷，我本著文學良心寫作，盡其在我而已，讀者是最好的裁判。

民國一〇〇年（二〇一一）辛卯七月二十九日下午六時二十三分於紅塵寄廬

1951年墨人31歲與夫人曾麗春女士（30歲）結婚十周年紀念合影於左營

墨人博士七十壽辰與夫人曾麗春女士合影。此照為大翻譯家、文學理論家黃文範先生所攝，並在照片背後題「南山北海惟仁者壽」。

民國二十九年(1940)作者墨人在江西南城戎裝照。

1939 年墨人即自戰時陪都四川重慶奉派至江西臨川王安石家鄉,第三戰區前線任軍事記者創辦軍報,提供抗日官兵精神食糧。時年 19 歲。

2010 年「五四」作者墨人 91 歲在花蓮和南寺家人合影

2003 年 8 月 26 日作者墨人（中）在含鄱口觀山景點與
作者長女韻華、長子選翰、三女韻湘、二女韻真合影。

2005 年 2 月作者次子選良（右一）回台北與父（右二）及
作者夫人（中）三女韻湘（左二）二女韻真（左一）合影。

作者墨人在書房留影，時年八十五歲。

《墨人博士大長篇小說〈紅塵〉法文譯本封面照片》

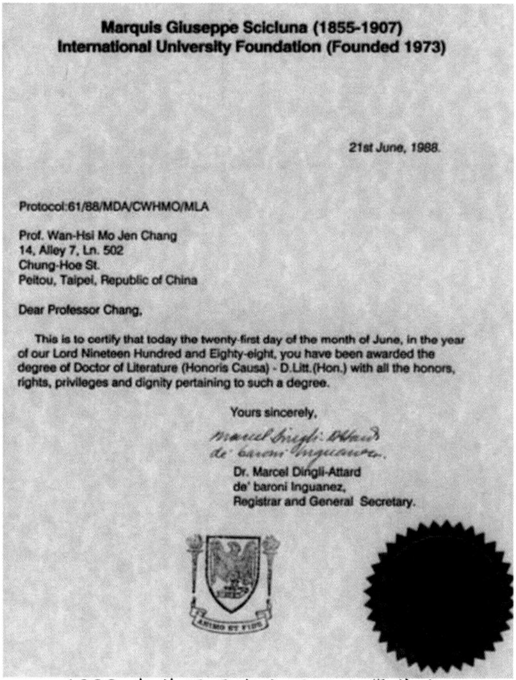

Marquis Giuseppe Scicluna (1855-1907)
International University Foundation (Founded 1973)

21st June, 1988.

Protocol:61/88/MDA/CWHMO/MLA

Prof. Wan-Hsi Mo Jen Chang
14, Alley 7, Ln. 502
Chung-Hoe St.
Peitou, Taipei, Republic of China

Dear Professor Chang,

This is to certify that today the twenty-first day of the month of June, in the year of our Lord Nineteen Hundred and Eighty-eight, you have been awarded the degree of Doctor of Literature (Honoris Causa) - D.Litt.(Hon.) with all the honors, rights, privileges and dignity pertaining to such a degree.

Yours sincerely,

Dr. Marcel Dingli-Attard
de' baroni Inguanez,
Registrar and General Secretary.

1988 年美國馬奎士國際大學基金會，授予張萬熙墨人教授榮譽文學博士學位證書。

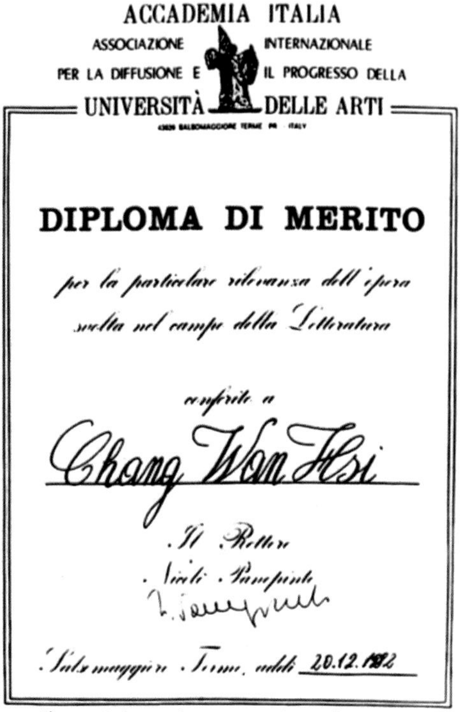

ACCADEMIA ITALIA
ASSOCIAZIONE INTERNAZIONALE
PER LA DIFFUSIONE E IL PROGRESSO DELLA
UNIVERSITÀ DELLE ARTI

DIPLOMA DI MERITO

per la particolare rilevanza dell'opera svolta nel campo della Letteratura

conferito a

Chang Wan Hsi

Il Rettore
Nicola Pampinella

Salsomaggiore Terme, addì 20.12.1982

義大利出版英、法、德、義四種文字的「國際文學史」的 ACCADEMIA ITALIA, 1982 年授予墨人的文學功績證書。

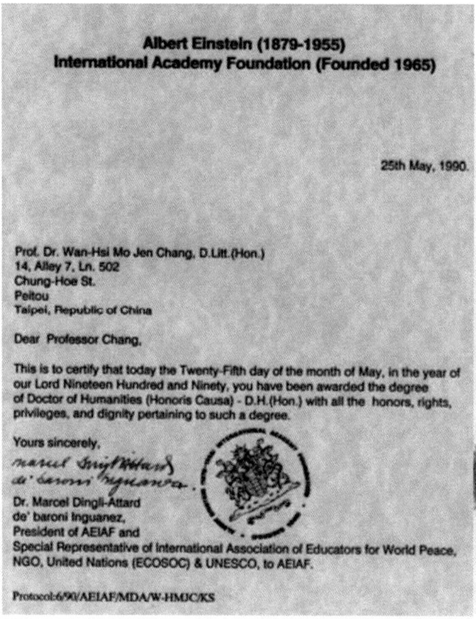

Albert Einstein (1879-1955)
International Academy Foundation (Founded 1965)

25th May, 1990.

Prof. Dr. Wan-Hsi Mo Jen Chang, D.Litt.(Hon.)
14, Alley 7, Ln. 502
Chung-Hoe St.
Peitou
Taipei, Republic of China

Dear Professor Chang,

This is to certify that today the Twenty-Fifth day of the month of May, in the year of our Lord Nineteen Hundred and Ninety, you have been awarded the degree of Doctor of Humanities (Honoris Causa) - D.H.(Hon.) with all the honors, rights, privileges, and dignity pertaining to such a degree.

Yours sincerely,

Dr. Marcel Dingli-Attard
de' baroni Inguanez,
President of AEIAF and
Special Representative of International Association of Educators for World Peace, NGO, United Nations (ECOSOC) & UNESCO, to AEIAF.

Protocol:6/90/AEIAF/MDA/W-HMJC/KS

1990 年美國愛因斯坦國際學院基金會授予張萬熙墨人教授榮譽人文學（含哲學文學藝術語言四種）博士學位

WORLD UNIVERSITY ROUNDTABLE
In Corporate Affiliation with the World University
Greetings
In recognition of Distinguished Achievement within the principles and purposes of the World University development, the Trustees of the Corporation, upon the nomination of the Secretariat, confer doctoral membership and this honorary award upon
Chang Wan-Hsi (Mo Jen)
The Cultural Doctorate in Literature
with all rights and privileges there to pertaining.

Witness our hand and seal at the International Secretariat Regional Campus, Benson, Arizona April 17, 1989

President of the Board of Trustees
Secretary of the Board of Trustees

1989 年美國世界大學授予張萬熙墨人榮譽文學博士學位，文化大學創辦人張其昀（曉峰）先生亦獲此榮譽。

THIS PICTORIAL TESTIMONIAL OF ACHIEVEMENT AND DISTINCTION proclaims throughout the world that

DR. CHANG WAN-HSI (MO JEN)

is the recipient of the above-mentioned Honour, granted by the Board of Editors of the

2000 OUTSTANDING SCHOLARS OF THE 20TH CENTURY

meeting in Cambridge, England, on the date set out below, AND that the Board also resolves that a portrait photograph of

DR. CHANG WAN-HSI (MO JEN)

be attached to this Testimonial as verification of the Honour bestowed.

2000 OUTSTANDING SCHOLARS OF THE 20TH CENTURY

First Edition

Signed and sealed on the 14th December 1999

Authorized Officer

1999 年 10 月張萬熙墨人博士榮登英國劍橋國際傳記中心《二十世二千位傑出學者》第一版證書。

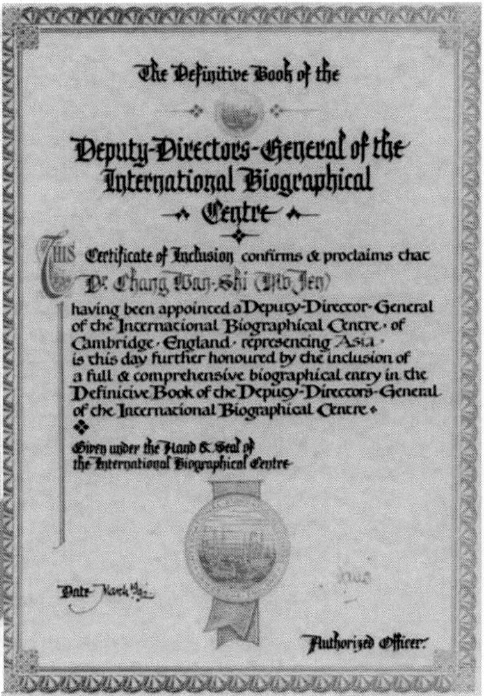
The Definitive Book of the

Deputy-Directors-General of the International Biographical Centre

THIS Certificate of Inclusion confirms & proclaims that Dr Chang Wan-shi (Mo Jen) having been appointed a Deputy-Director-General of the International Biographical Centre of Cambridge England representing Asia is this day further honoured by the inclusion of a full & comprehensive biographical entry in the Definitive Book of the Deputy-Directors-General of the International Biographical Centre.

Given under the Hand & Seal of the International Biographical Centre

Date March 1992

Authorized Officer

1992 英國劍橋國際傳記中心（I.B.C.）任張萬熙墨人博士為代表亞洲的副總裁。

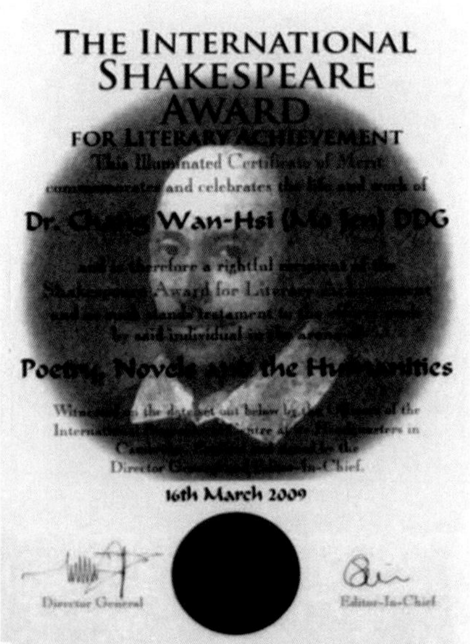
THE INTERNATIONAL SHAKESPEARE AWARD FOR LITERARY ACHIEVEMENT

Dr. Chang Wan-Hsi (Mo Jen) DDG

Poetry, Novels and the Humanities

16th March 2009

Director General

Editor-In-Chief

2009 年 3 月 16 日英國劍橋國傳記中心總裁與總編輯聯合授予張萬熙墨人博士國際莎士比亞文學成就獎。

International Biographical Centre Cambridge CB2 3QP England

REF: LAA/MED/MW-13640

13 November 2002

Dr Chang Wan-Hsi (Mo Jen) DDG
14 Alley 7, Lane 502
Chung Ho Street
Peitou
Taipei
Taiwan

Dear Dr Chang

Please find enclosed the Medal in respect of the **Lifetime Achievement Award** which I hope meets with your approval.

Yours sincerely

MICHELLE WHITEHALL
Personal Assistant to the Director General

Enc

IBC

英國劍橋國傳記中心(I.B.C.)2002 年頒發詩人作家張萬熙（墨人）博士終身成就獎，英文信及金牌正反面照片墨人早年即被 I.B.C.推選為副總裁。

青雲路目次

世家子弟

好多天沒有睡午覺，彷彿欠了一身債。星期天下午不上班，正好放心大睡，這一覺直睡到四點多鐘才醒。洗過臉，精神舒暢，我蹲在缸邊看我親手栽的大蒜，蒜苗已經有兩寸來高，如綠衣美人，亭亭玉立；一共才十多位，站了四圈。中間是新揷的幾株玫瑰，也發了米粒大小的綠芽。我心裏十分高興。臺北市寸土寸金，我雖喜愛花花草草，但是沒有五畝之宅，旣不能樹之以桑，連栽幾株茶花玫瑰的地方也沒有。湊巧家裏有隻破米缸，拙荆搬不動，沒有扔進垃圾堆去。我望着那隻我用水泥糊過，攔腰又綑了兩圈鐵絲，有十年歷史的大缸，忽然靈機一動，想用它來作花盆。我是急性子，想到就作，出了一身大汗，才塡滿一缸土，後來向朋友要了幾株玫瑰，剪好揷在缸中央，周圍栽了四圈大蒜瓣，短短的一個星期，就長出一缸綠，我怎不心花怒放？

我正看得出神時，拙荆拿着掃帚畚箕走過來，漫不經意地說：

「剛才余紹基來找你。」

「怎麼沒有進來？」我說。

「我說你在睡覺，把他擋住了。」

「不知道他找我有什麼事？」我自言自語。我們雖然住在一個村子裏，倒有好幾個月不見面。

「我沒有問他，他也沒有講。」她把掃帚畚箕往牆角一扔，又冷言冷語：「他除了喝酒，打老婆孩子還有什麼事？這種人你也惹他？」

「人窮志短，馬瘦毛長。你看不起他，有錢的大爺也同樣看不起我們。其實老余人倒不壞，他也從來沒有求過我們。」我說。「赤膊過江，和他來往我又有什麼損失？」

她沒有答理，逕自走開。

說起來我和余紹基過去是在一個大單位裏的同事，可是由於人多，業務沒有來往，因此一直沒有認識。直到八年前，我解甲下來，指定向他報到，這才認識他。

他是個面黃肌瘦的人，一身染黑的舊中山服，領子敞開，領口像抹布。濃重的杭州口音，說話口齒不大清楚，又口沫飛濺，使人有種窩囊的感覺；可是他未說先笑，淡眉善眼，笑起來眼角的魚尾紋很多，自然透着幾分和善。

我對於他的出身經歷茫然無知。我向來不願管這些閒事，初次見面自然更不願問。他對我比較瞭解，也可能是他客氣，這把我當人看待。

以後每逢開會，他都親自來請，他忙不過來就叫小女兒來催，十分週到。起先我以爲他對我「另眼相看」，後來才知道他對別人也是如此。開會是他的責任，還有可說，和他毫不相干的領薪，他也先告訴我日期，上午或下午？有些什麼手續？使我減少了很多麻煩，少跑幾趟路，我生平最怕的就是這些瑣事，心裏對他自然感激。

由於時常去他家裏開會，對他的家庭情形、生活情形也漸漸瞭解。他太太正患精神分裂症，時常吵吵鬧鬧，有幾次我還發現他臉上有指甲血痕。他兩個兒子小學一畢業就送去當學徒，他自己也在學修理汽車。可是每次開會時他還是準備了糖果茶水招待，盤子裏紅紅綠綠，玻璃杯子也整整齊齊，新樂園香烟也有兩包，禮貌周到。

有一次開會別人都沒有去，只有我一個人到，會開不成，他便和我閒聊。他期期艾艾地問我：

「老黃，你在工商界有沒有熟人？」

我搖搖頭，我一個熟人也沒有。

他看我搖頭，有點失望。隨後又認眞地說：

「我已經學會了修理汽車。不論是十輪大卡還是小轎車，我都會修。可惜沒有人引薦……自己開修車廠又沒有本錢」。

「你要是能開修車廠，倒是一個好行業，比找事强。」我說。

「開修車廠沒有本錢，找事又沒有靠山。」他向我苦笑：「不瞞你說，我是幹通訊的，我敲過榔頭，當過分臺長，有線電無線電我都能來。本來就想上漁船商船，一來是沒有人事關係，二來是年齡大了，望着美鈔也拿不到手。……」

「誰要你這個酒鬼？」他太太在房裏衝出這句話來。

「你不要胡扯，你不發神經病我怎麼會喝酒？」他向房裏說。

「你不日夜醉醺醺，我怎麼會發神經病？」她神智似乎十分清醒。

「老黃，不要儒她的。」余紹基向我一笑，輕輕地說：「我就是被她弄得顛顛倒倒，不然我的日子要好過些。」

「好過什麼！誰像你這樣沒有出息？」她的耳朵很靈，馬上頂過來。

余紹基尷尬地苦笑。我不便再坐，藉故告辭。余紹基笑着拍拍我的背說：

「老黃，不要見笑。」

「那怎麼會？」我也笑着回答：「家家都有本難唸的經。」

「說真的」，他握着我的手說：「我們自己人，你的路子比我寬，如果有什麼機會，請你替我留意，工友我也願意幹。」

我和他不過是五十步與百步，我有什麼鬼路子？但爲了不使他失望，我也只好點頭。

我不開會就不去余紹基家，也懶得出門。張家長、李家短我自然也不知道。可是女人的耳朵長，嘴巴快，張家丟了一隻雞，李家買了一個電冰箱，她們都淸淸楚楚，傳來傳去，沸沸揚揚。一天拙荆忽然對我說：

「余紹基又和他太太打架了。」

「你怎麼知道？」

「是他太太親口告訴我的。」

「貧賤夫妻百事哀，打架也沒有什麼稀奇。」

「可是余紹基窮得不安分，他太太說他在外面有野女人。」

「笑話，笑話！」我連連搖頭。「她神經不大正常，你怎麼信她的？」

「她親眼看見他捧着女人的照片親嘴。」

我也怔住了，半天沒有作聲。隨後我忽然想起他的牆壁上貼了不少從畫報上剪下來的女明星照片，日曆女郎，他太太所說的照片和野女人，大概就是這些？因此我說：

「他太太大驚小怪，你也大驚小怪？女明星照片五毛錢一張，畫報上的更不要一文錢，也許他喝了酒，一時興起，親親女明星照片也算不了什麼，那會有什麼野女人？」

「是呀，憑他那副德性，那有野女人愛他？」她若有所悟地說：「想必他太太眞有神經病？」

「有這種病的人最愛疑神疑鬼。」我說。

「就算是親親女明星的照片也不應該！」她忽然生起氣來：「男人到了這種地步還不安分，那眞該死！」

現在眞是大丈夫不可一日無錢。有錢的男人花天酒地，左擁右抱，不但男人羨慕，女人也會說他眞有辦法。像余紹基，吻吻女明星的照片也成了罪大惡極，而至於該死，我又何必多費口舌？

女人同情女人，男人自然也同情男人。我和余紹基有七八年的交情，這兩三年我不在他一組，來往減少；我找了工作以後，更是早出晚歸，連在路上碰面的機會也不可多得。他的近況如何？我不清楚。正怕他誤會我志得意滿，故意疏遠他，他却來找我，不管有事無事，我應該看看他。吃過晚飯，我就跑到余紹基家來。一走到大門口，我就看見他和她太太在吃晚飯，他太太坐在旁邊，人胖了不少，一切好像都很正常；他面對着門外，面前擺了一大玻璃杯酒，他臉孔紅紅的，望着酒杯出神，沒有發現我。我敲敲舊紗門，他頭一抬，看見了，笑着站起來，他太太也笑着招呼。

「對不起，你下午去我家裏我正在睡覺，」我先開口：「有什麼事嗎？」

他笑着招呼我坐下，半天才期期艾艾地說：

「眞不好意思對你說：明天我五十歲。我們兩人沒有什麼利害關係，我想請你來喝杯水酒。」

「我一定來。」我立刻回答。

「老黃，你知道我很落魄。」他尷尬地一笑：「所以先前在你太太面前我都不敢啓齒。我想你不會看不起我，所以我請你來捧捧場，熱鬧熱鬧。」

「五十大壽，應該應該。」我說。

「雖然有人說人生七十才開始，不過像我們這種年齡的人，下過地獄，上過刀山，能活到五十歲已經很不容易，所以我要意思一下。」

「我們這條命的確是檢來的，五十歲當一百歲。」

「說老實話，我只請一桌客，都是沒有利害關係的朋友。有錢有勢的同學我都不請。」

「你請人家也不會來。」他太太馬上接嘴。

這次他沒有回嘴，反而心平氣和的對我說：

「老黃，你不要看我現在這樣窮，不是我吹牛，我的家庭簡直像紅樓夢。」

他這句突如其來的話眞使我一怔。我打量他一眼，他兩鬢已白，肉瘦皮枯，一點也不像賈寶玉；不到六蓆的飯廳客廳兼作他的臥室，伸手可以摸到頭上的甘蔗板，更不像大觀園。坐在他旁邊的太太更不像王夫人，或是邢夫人和王熙鳳，自然更不像黛玉、寶釵了。他的女兒更非元春、探春之流。他的家庭怎麼會像紅樓夢？莫非他喝醉了說酒話不成？

他看我有點不相信，又接着說：

「我曾祖父當過很久的道臺，活到八十多歲；我祖父當過知府；我父親當過十個縣的縣長。我家的房屋花園佔好幾畝地，男女用人有二三十個。」他忽然指指房屋：「我家三等用人住的房屋也比我現在住的好。」

「他曾祖父有十五個太太。」他太太笑着揷嘴。

「他最小的太太和我母親同年。」他笑着喝了一大口酒。「他身體好得很，八十歲那年還生了一個小兒子。」

我笑了起來，他高興地說：

「我曾祖父很歡喜我，時常把我抱在膝上坐，他吃什麼我都有份。我八歲時他才死。」

「眞好福氣！」我讚了一句，又問：「他是什麼樣子？」

「和我一樣。」他得意地指指自己：「瘦瘦高高的。」

「你別不害臊！」他太太馬上潑他的冷水：「他會像你這個窮相？」

我差點笑出來。他白了太太一眼說：

「你又沒有見過他，你怎麼知道我不像他？」

「就是因爲我沒有見過他，你才敢在我面前胡吹。」

「屋簷水點滴不差，這怎麼能隨便吹？」

他不等他太太回答，又轉過頭來對我說：

「老黃，說起來我們還是鄉親。」

我又一怔。他是人間天堂的杭州，我是江西，我們相隔很遠，怎麼會是鄉親？

他不待我發問，又接着說下去：

「我本是江西人。我曾祖父在浙江做了幾十年官，才在杭州落籍。可是我們的籍貫一直是寫江西，我的同學錄上也是塡的江西，以前我們家裏在江西九江、湖北漢口、安徽蕪湖、和上海南京都開了錢莊、票子到處通用。紅樓夢裏的薛家只開當舖，還抵不上我們余家……。」

他越說越起勁，我以爲他喝多了酒，說溜了嘴。他看出我有點懷疑，馬上笑着對我說：

「老黃，你不是外人，我把你當作同鄉，所以才對你談談我的家世。以前我沒有對任何人談過，也沒有告訴你。我知道自己落到這步田地，搬出祖宗牌位來也沒有用。我白活了五十歲，眞覺得愧對祖宗，心裏悶得慌，所以才和你談談，不信我可以拿幾樣東西你看看？」

我不要他拿，他爲了取信於我，還是翻出一包東西來。這裏面有他曾祖父的原筆詩文信札，其中有幾封杭嘉湖道臺寫給他曾祖父的信，有他哥哥特別抄寄給他的一份家譜，家世紀載得清清楚楚，系統分明，祖、父輩作大官的也不少。他們紹字輩兄弟有幾十個。他說給我聽之後又慚愧的一笑：

「我這一輩份中也只有我最差勁，他們有的大學畢業，有的留學，我哥哥就是同濟大學醫科畢業的。只有我專科還沒有讀完，就遇上抗戰。」

「他少壯不努力，老大徒傷悲。」他太太揷嘴。

「我在家裏整整享了二十年福，完全是公子哥兒，一點不用功讀書。」他邊說邊拿出一份醫專二年級同學錄，特別指出他姓名下面的籍貫江西給我看：「這可不假吧？」

說實在話，以前我眞沒有想到他唸過醫專，更沒有想到他有這麼好的家世。

「得食的貓兒强似虎，敗翎的鸚鵡不如雞。」他收起那包東西說：「我落魄到這步田地，難怪人家瞧我不起。以後我只想讓兒子開個小皮鞋店，讓他們自謀生活。我自己打算算命過活。」

「你會算命？」這又使我大爲驚奇。我知道命相是兩門大學問，我也想以此遨遊江湖，可是一直沒有搞通。我從來沒有聽說過他對命學下過功夫，怎麼一蹴而就？

「現在我可以坦白告訴你：我在這方面下了八年功夫。」他隨卽捧出一堆書，諸如子平眞詮，滴天髓，窮通寶鑑，子平粹言，子平一得，命理入門，命學捷徑……應有盡有，這又使我對他刮目相看。「再過兩年，我往觀光飯店一住，不愁不賺大錢。」

「你的命算得還準，就是喝了酒頭腦糊塗。」他太太說。

「有鈔票賺我自然不會以酒澆愁。」他眉開眼笑。

我看他太太說話很正常，兩人的感情似乎也好些，我禁不住輕輕問他：

「你太太完全好了？」

他點點頭。她馬上接嘴：

「我並不是眞瘋，是被他氣病的。」

「也是我把她診好的。」他說。

「祝你們好運。」我眞心祝福他們。人霉得太久，也該見見太陽。

「老黃，說眞的，我也希望走部晚運。」他笑着對我說：「日後我掛牌時，你可要多多捧場？」

「我一定把你捧成個活神仙。」我笑着回答，同時告辭。

他開心地笑了，握着我的手說：

「記住，明天下午六點，務必賞光。」

「我一定來拜壽。」我一面回答，一面退了出來。

回到家裏，拙荊劈頭就問：

「余紹基找你到底有什麼鬼事？」

「明天他五十大慶，請我吃酒。」我說。

「五十歲人生還沒有開始，做什麼壽？大概是他兒子賺了幾個辛苦錢，他的骨頭又酥了？」

「你不要隨便糟蹋人。想當年他也是公子王孫，五十歲生日請朋友喝幾杯水酒，熱鬧一下，也不算過份。」

她楞頭楞腦地望着我，隨後鼻子裏嗤了一聲：

「你也信他窮吹？他全身上下那一點像公子王孫？」

我聽了有點生氣，但想起余紹基說的「得食的貓兒强似虎，敗翎的鸚鵡不如鷄，」也就懶得向她解釋。她看我不作聲又對我說：

「明天是胡老太太百歲大壽，胡先生在統一飯店設了壽堂，擺了酒席，你不去向胡老太太拜壽難道去向余紹基拜壽？」

胡老太太的小兒子是我過去的同事，承他不棄也給了我一張帖子，照理應該去。但是和余紹基的時間衝突，仔細一想，老胡現在是幾家大公司的董事長，社會名流，轉彎抹角想去拜壽的人正多呢，那在乎我這個小人物？因此我說：

「我何必去錦上添花？不如到余紹基那裏喝杯水酒。」

「你就是這樣不知輕重，難怪一輩子也爬不起來。」

「再爬就爬進棺材了，我還想多活幾年呢。」

她一氣走進房去，我拿起水瓢澆我的蒜苗，這些亭亭玉立的綠衣美人，個個長得不俗，一見就令人開心。

第二天下午六點，我準時去余紹基家裏，誰知一個客人也沒有來。我有點奇怪，余紹基臉上有點尷尬。左等右等，還是沒有人來，等到七點，才來了一個人，說聲抱歉，在別的地方還有應酬，就匆匆地走了。余紹基臉上沒有光彩，尷尬地對我說：

「老黃，難得你賞光，我們兩人吃一席，痛快地喝幾瓶。」

我口裏應着，心裏也不是味道，彷彿自己也被別人潑了一頭冷水。幸好我剛坐下，又來了一個客人。余紹基受寵若驚，連忙站起來迎接，並且特別向我介紹：

「這是我以前的老科長趙先生，承他一向看得起我。」

隨後他又對趙先生說：

「今天沒有請什麼客人，黃先生也是我的好朋友。」

然後他又笑着對我說：

「我曾祖父做八十歲時，請了一百多桌，還唱了三天戲，比賈母生日還熱鬧。要是在家裏，我請五十桌也坐不下。」

趙先生摸不清頭腦，怔着兩眼望着他。他笑着對趙先生說：

「科長，我和黃先生講的是古話，請你不要見笑。」

趙先生似懂非懂地點點頭。

於是，我們三人，再加上他太太兒子，大家開懷暢飲。

紅露酒，酒精很重，我喝了兩杯就有點不對勁。趙先生也不大會喝酒。余紹基自己喝了一杯又一杯，大玻璃杯喝下五杯之後，說話就有點顛三倒四。他不停地勸我們喝酒吃菜，又抱歉地說：

「眞正怠慢，要是三十年前……」

趙先生看他有七分醉，笑着提醒他：

「我看你有點醉了，不要再喝吧？」

「我沒有醉，我沒有醉。……」他連忙搖頭。「這種酒不算什麼，要是我家裏二三十年的陳年花彫，那後勁才足呢！」
「你沒有醉怎麼說酒話？」
「科長，不是酒話，是眞話……」
「你三杯下肚就彈老調，就是三十年前，眞沒出息！」他太太白他一眼：「俗話說：三十年河東，三十年河西。你家裏就是榮國府又有什麼好說的？」
「你見都沒有見過，小家子，你懂什麼！」
我和趙先生生怕他們吵架，連忙勸住。余紹基無可奈何，將大半杯酒往嘴裏一倒，然後向我苦笑：
「老黃，難怪賈寶玉出家，我沒有他那麼大的學問，活該丟人現醜！」
「今天是你五十大壽，何必生這些閒氣？」我笑着勸他：「誰是一蓬風走到底的？那個沒三起三跌？日後你在觀光飯店一住，招牌一掛，成了活神仙，鈔票源源而來，花甲之慶時自然有人錦上添花啦！」
他聽我這樣說，馬上眉開眼笑，兩眼笑成一條縫，身體慢慢向下滑，終於滑到桌子底下去了。

青雲路

一

徐華琳和老教授老光棍程敬思鬧翻之後，兩三個月來還沒有找到適當的工作，心裏有點恐慌，也有點後悔。雖然那只有一千塊錢一個月，可是事情不多，可以利用機會看看書。徐華琳是外文系畢業的，在學校的成績不好也不壞，公費留學考不取，申請獎學金也不夠格；自費留學是考取了，可是沒有錢，連一筆旅費也凑不起來，因此只好暫時找份工作，希望積點錢再留美。可是程敬思那老怪物又髒又亂，屋子裏一塌胡塗，桌子不抹，地也不掃，自己到處兼課，不請下女，又怕小偷，因此請她作助手，名義上幫助他整理講義，回覆國內外來往信件，實際上是請她看家、掃地，比請個下女划算。下女要供給伙食，她是膳宿自理，下女不能替他代筆，她行。一天老怪物要她洗臭襪子和內衣褲，她火了，拂袖而去。

當初她以為千把塊錢的工作，可以信手拈來，英文秘書不是很吃香嗎？報紙上天天有徵求這類人才的小廣告，她能寫英文商業函件，也會打字，一般會話也能應付，再加上是名大學的外文系畢業生，又是女性，條件正好，何況够條件有能力的同學都出國了，「山中無老虎，猴子充霸王」，她在臺北不愁沒出路，可是兩三個月來，她應徵了幾次，認爲自己考得不壞，却總是給別人捷足先登了，後來她一打聽，別人都有八行書，她就沒有找人寫過一封介紹信。事實上她也找不到一個有地位的人，父親死得太早，寡婦弱子有誰看得起？

她的銳氣已經消磨殆盡，眼前的出路都有問題，出國不是難於上青天？聽說程敬思還沒有找到人，上次也是空了兩三個月才找到她。因爲他除了髒亂之外，還有點神經兮兮，有時熱情如火，有時又冷若冰霜，談話談到高興處會哈哈大笑，說到傷心處又兩淚直流。有一次突然從背後雙手扶着她的肩膀，她驀地回頭一望，他咧着嘴，露出紙烟薰黑的大牙想吻她，她嚇得倒抽一口冷氣，身子一扭跑了出來。她幾次想回到程敬思那裏去，但一想起這些情形，皮膚就起鷄皮疙瘩，嘴裏不禁罵一句：「老怪物！」

她天天翻閱報紙的分類廣告，天天都有工作機會，諸如工程師、國際貿易、工商管理之類，她都不合。但有幾種職業需要女人最多，如酒吧、舞廳、咖啡室等等，不限學歷，只要「年輕貌美」就够條件，而且，每月收入可達萬元以上。這種廣告對她很有吸引力，每月一萬元是個很多的數目，她所缺少的就是十萬八萬。可是一想到自己是個身家淸白的大學生，她又不自覺地搖搖頭。

有一則美國公司徵求女秘書的英文廣告，待遇旣高，她的條件也合，只可惜她不是美籍華人。

她在灰心失望之餘，忽然看到這樣一則小廣告：

「某大公司徵求女性英文秘書，須外文系畢業，熟悉商業函件，擅打字，能操流利英語。有意者請撰寫千字左右英文自傳，並說明所希望待遇，附最近二寸半身相片，寄本市××號郵箱。」

她衡量自己，能力可以勝任，便決定應徵。自傳稿是現成的，照片還有半打。只是，待遇方面一再斟酌，她希望月薪三千元，但她不敢要那麼多，恐怕別人的要求比自己低，就要被淘汰了，因此，她將自傳上的阿拉伯「3」字改爲「2」字。兩千塊錢對於一個英文秘書實在是最起碼的待遇，洋機關的打字員也不止這個數目。

信寄出之後，她不敢抱太大的希望，以前有兩次就是石沉大海。她還是繼續注意報紙上的小廣告。

同班十六位女同學，一畢業就出國了十一個，她們比男同學更方便，不必服兵役，她要是有路費也早走了。留下的五位，只有她還沒有死心，其他四位結婚的結婚，當教員的當教員，都沒有出國的打算。連彼此來往都少了，只有蘇琍琍還和她談談心。

她正徬徨苦悶時，蘇琍琍又不期而至。兩人一見面就來個熱烈的擁抱，看來有點瘋瘋癲癲。

徐華琳開口問：

「琍琍，我煩死了，今天什麼風把妳吹來的？」

「我來告訴妳一個消息，我們學校的英文教員密斯特楊要出國，想找一個人代課，妳願不願意幹？」

「多少錢一個月？」徐華琳心中一喜。

「還不是和我一樣，每月九百，一切在內。」

「代課，每週十幾小時，淸湯寡水九百塊錢，我不想把自己綑死。」徐華琳搖搖頭。

「妳還想出國？」蘇琍琍問她。

「不到黃河心不死。」徐華琳淸脆地囘答：「十六載寒窗，過五關，斬六將，就賺這麼幾百塊錢，結婚，生孩子，過幾年就變成個老母猪，我死也不甘心。」

「妳就是得了博士學位，還不是要結婚生孩子？」

「那可不一樣了。」徐華琳用力搖頭：「依美國的行情，碩士只能賺六百美金，博士的價錢一千出頭。就是囘到國內，博士也比較吃香。」

「有些事情不能以金錢來決定。」蘇琍琍說。

「現在是工商業社會，金錢決定一切。」徐華琳搶着說：「我要是有錢，不早出國了？還在家裏窮泡？」

蘇琍琍望望她，也有點同情。她覺得徐華琳的志氣比自己高，眼光遠大，爲了前途，她連戀愛也不願談。可是目前她連起碼的工作也沒有，出國更是渺茫。

「華琳，妳既然不想代課，那妳有什麼打算？」

「最近又應徵了一次，不知道有沒有希望。」

蘇琍琍問她應徵什麼，她聳聳肩膀一笑說：

「這年頭除了工商業機構，還有什麼別的打算？」

「我們唸外文的來幹這種工作，實在也不對路。」

「總比唸中文的略勝一籌。」徐華琳似是自嘲又像自傲地說：「唸中文的除了當教書匠外，還沒有人要。」

她們說話時郵差倏然而至，像送報似的從牆外把信往牆裏一擲。徐華琳連忙趕過去把信檢了起來，一封是老同學寄來的，一封印着大業股份有限公司字樣，她連忙把這封信拆開，是一份通知單，說她的自傳已經審查，請她去筆試面試一下。

她三步兩步跳到蘇琍琍面前，把通知遞給蘇琍琍看，蘇琍琍看過之後摟着徐華琳的腰說：

「華琳，願妳馬到成功！」

二

大業是一家大公司，徐華琳知道大的工商業機構都有點派頭，男女職員都講究穿着，因此她換了一件新做的綠色旗袍，套一件白色毛絨外套，顯得清麗脫俗，她的身材本來很好，穿上旗袍更曲線玲瓏。她臉上薄施脂粉，塗上淺色口紅。她不願人家把她看得太「嫩」，儘量使自己裝成老練模樣。

約莫上午九點鐘光景，徐華琳來到大業公司新建的大樓，抬起頭來眞會掉下帽子，兩扇玻璃大門，出入自動開關，電梯門前站着四五個少女在等候，她也走了過去，那幾位少女不約而同地對她望了一眼，彷彿有點妒嫉和敵意，看來她們也是來應徵的，可能她們另有八行書，她已經被八行書打敗過幾次，想來也有點寒心。

幾個少女都不講話，彼此心照不宣，電梯的門一開，大家一湧而進，她們湧進時又趕來一位穿花裙裝的少女，嘴裏「嗨」了一聲，三步兩步鑽了進來，迅速地打量大家一眼，大家心裏在說：「剛畢業的丫頭」！

電梯在五樓停止，大家魚貫而出。徐華琳打開手袋，匆匆照一照鏡子，從容地走出來。

大家走進會客室，會客室裏已有四位和徐華琳年齡不相上下的少女，坐在華麗的沙發裏等候。她們臉上裝出微笑，看來都很優雅。這許多人一湧進來，這些少女的臉上有三分驚喜，七分敵意。

六位少女各揀空的沙發坐下，屏聲靜氣。會客室很寬敞，地上舖着絳色的地毯，壁上掛着幾幅新派油畫，佈置十分豪華堂皇，有一扇玻璃門通往裏間，門上鑲着「總經理室」四字的橫牌。她們坐下不久，就有一位西裝筆挺的中年人進來，十個少女以爲他是總經理，立即同時起立，那人笑着對她們說：

「我是人事室主任，總經理十點半鐘來，請諸位先筆試一下，然後傳見。」

說着他就引她們走進另一個房間，那裏有兩個人在照顧，每張枱子上置有一架打字機和一封英文信，規定她們要在五十分鐘內寫好回信，打好字，交卷時記下確實時間。

徐華琳匆匆看了一遍，覺得並無難處，她連寫帶打，看看腕錶，沒有超過三十分鐘，她是第一個交卷。

她先回到會客室，其他的人也陸續出來，大家你望望我，我望望你，彷彿估量彼此的虛實。

一羣少女靜靜地等候總經理傳見，一直不見有人走進會客室，也沒有看見總經理室開門，好不容易等到十點四十分，總經理室的門才輕輕拉開，走出一位三十左右風姿綽約的女人來，她手裏拿着一張名單，望着大家說：

「那位是密斯楊秀英？」

那最後鑽進電梯的小姐馬上站起來，那女人把手向總經理室一伸：

「總經理請。」

楊秀英進去了四五分鐘才出來。第二位聽到叫的是徐華琳，她一進總經理室，就看見靠窗一張大寫字枱，坐着一位四十多歲、精力充沛、不胖不瘦、圓圓臉、皮膚白裏透紅的中年紳士。他看她進來，又低頭看看面前的資料，然後指着對面的轉椅請她坐下。

他先問徐華琳的家世、學歷，徐華琳照着自傳答覆，她看她的自傳和試卷都放在他面前。她發現總經理在打量她，她有點發窘。他又看了看她的資料，那上面簽註了中文，也許是人事室主任對她的意見，然後他對徐華琳說：

「徐小姐，妳的英文程度很好，打字的速度也合格。本公司就是需要妳這樣的人才。我的事情太忙，需要一個助手，不知道妳對我們的業務有沒有興趣？」

「現在我是門外漢，如果我能錄取，我想興趣是可以培養的。」徐華琳回答。

總經理微微一笑，安慰似的對她說：

「其實本公司已經制度化，一切正常業務自然有人辦理，妳的工作，多半是處理我私人的信件，和臨時翻譯之類的事務，並不太忙，而且妳希望的待遇並不算高。」

她聽了心裏很高興，也許正因爲自己的要求不高，他才願意檢個便宜也說不定。

「總經理，我年輕學淺，不敢存有妄想」。她謙虛地囘答。

「好，徐小姐，今天不能多談，請妳等候正式通知。本公司用人唯才，決不採取低薪政策。」

徐華琳恭敬地向他一鞠躬，半憂半喜地退了出來。總經理洪鶴臯望着她的背影有點發呆，他迅速地用鋼筆在她的名字上勾了一下。

會客室裏那位楊小姐已經走了，其餘的眼睛都盯住徐華琳，希望從的她表情上探到一點秘密。她故作鎮定地掃覛了大家一眼，然後從容地離開。

走出大業公司，她才輕鬆下來。她囘頭望望這座雄偉漂亮的大樓，心裏在想：「要是我能錄取，在這裏面上班，那多神氣啊！」她想起洪總經理不採取低薪政策，便覺得只有這種地方才能達到出國的願望。但一想到那九個少女也不是弱者，背後也許另有靠山或八行書，她又覺得她的願望渺茫了。

三

徐華琳把她在大業公司面試的情形和洪總經理的談話告訴母親，老太太非常高興地說：

「要是這次妳能進大業公司，就是不出國也行。」

「媽，我沒有一點人事關係，怕又會摔下來，您能找爸爸往日的朋友寫信推薦推薦嗎？」

老太太深深地嘆了一口氣，悠悠地說：

「孩子，妳爸在生也沒有交上一個有地位的人，妳又沒有一個好親戚，教我找誰去？」

「媽，這就難說了。」徐華琳拉長着聲音說：「不是我不爭氣，這社會就靠人事關係。我碰了幾次壁，才知道求個職業難於上青天，這隻金飯碗，我看八成又會被別人搶去。」

「孩子，總算妳有志氣，掙到個大學文憑，以後要是抓住好機會，妳就往上爬。」老太太感慨地說：「人死得窮不得，走遍天下都是一個道理。」

「媽，我現在是一根草兒也抓不着，唉！」

母女兩人黯然相對，再也無話可說。如果這一次再失敗，徐華琳眞想回到程敬思那邊去，或是替蘇琍琍的同事代課，解決眼前的生活再作打算。

幸好事情不像她想的那麼糟，大業公司終於通知她去報到。她接到通知書跳起三尺高，覺得洪總經理眞的「用人唯才」。看樣子他才四十出頭，就幹出這麼大的事業，不是眞有一套，怎能辦得到？

她母親比她更高興，覺得自己總算熬出了頭。

這天上午八點鐘，她準時趕到大業公司，在人事室報了到，人事室主任叫她在會客室等候總經理。上次那位三十來歲的女人，忽然從總經理室出來，笑着招呼她，她受寵若驚，連忙起立，請教她姓名。

「敝姓秦，我也是總經理的秘書。」那女的回答。

「秦小姐，我不懂的地方，還請多多指教。」徐華琳謙虛地說。

秦小姐像個大姐似的，在她肩上輕輕一按讓她坐下，自己也隨着坐下。徐華琳笑着問：

「請問，這一次共取了幾位？」

「兩位。」秦小姐答：「另一位姓吳，派在業務部工作，她昨天就報到了。」

「不知道我派在那個部門工作？」

「總經理另有安排。」秦小姐向她一笑：「我們公司業務發達，各部門都需要人。」

「聽說，公司去年賺了一億多？」徐華琳問。

「外面是這麼傳說。」秦小姐含蓄地說：「當然，我們也希望公司賺錢，水漲船高，同仁福利自然更好。」

「秦小姐，妳在這裏工作多久了？」

「六年了。」

「那你算是老前輩了！」

「比我資格老的多着呢！」秦小姐謙虛地說。

「總經理當了多久？」徐華琳好奇地問。

「大概十年了吧！」

「那時他不是很年輕嗎？」徐華琳壓低聲音問。

「嗯，他少年得志。」

「他對同事嚴不嚴？」徐華琳第一次到這麼大的公司來作事，有點躭心。

「總經理是看人行事，見佛打卦。」秦小姐以權威的口吻說：「一般地說，他對男同事比較嚴，對我們女職員可寬多了。」

徐華琳輕輕地吁了一口氣，秦小姐向她微笑說：

「總經理對妳一定會另眼相看。」

徐華琳沒有作聲，心裏暗暗高興。

總經理室突然有了響動，秦小姐連忙跑進去，十分鐘後她把門拉開一半，伸出上身笑着向徐華琳招招手，徐華琳碎步趕了過去。

她一見總經理先是鞠了一躬，洪總經理春風滿面地微笑點頭，說幾句「借重」之類的門面話。隨後問秦小姐：

「秦小姐，公司裏的情形妳和徐小姐談過沒有？」

「大致談了一下。」

「很好，」他向秦小姐點點頭，轉向徐華琳說：「徐小姐，我們公司業務一天天擴展，分支機構多，我是臺北淡水兩邊跑，那邊和這邊一樣重要，這邊由秦小姐照顧，那邊想請你擔任，妳看怎樣？」

「隨總經理吩咐。」徐華琳順從地說。

「那很好，」洪總經理高興地一笑：「不過，妳最好住在那邊。那邊一切方便，比這裏更好，膳宿免費，待遇方面再增加五百，妳看如何？」

這完全出她意料之外，有點喜不自勝，連連點頭。

「今天下午我陪幾個朋友去那邊打高爾夫，其中有一個是美國人，晚上請他們在那邊吃飯，席間要請你翻譯。因為妳是第一次，讓秦小姐陪妳，以後妳就獨當一面，下午妳和秦小姐同去如何？」

她又服從地點點頭。

隨後洪總經理吩咐她先回去，下午兩點再來。

她興冲冲的趕回家裏，把經過情形告訴母親，老太太喜出了眼淚。她一再叮嚀女兒：

「華琳，這年頭找份工作眞不容易，妳有這麼好的機會，應該好好地幹，不要辜 了人家總經理的栽培。」

「媽，我知道。」

四

秦小姐陪徐華琳來到一所別墅，別墅名「看潮廬」，那是一幢富麗堂皇的建築物，背山面海，下面是綠草如茵的高爾夫球場，那一大片嫩綠的韓國草看來賞心悅目，比馬尼拉王城和碧瑤的高爾夫球場並無遜色。

這雖然不是春天，「看潮廬」周圍的花圃仍然百花齊放，一位五十開外的花匠正拿着大剪在花圃裏修修剪剪，他一看見秦小姐就禮貌地點頭招呼：

「秦小姐您好！」一口的京片子。

「老劉，你好。」秦小姐說着，隨後又指指徐華琳對他說：「這位是新來的英文秘書徐小姐。」

他又向徐華琳點頭爲禮，還說些客氣話，一派斯文，淸瘦的三角臉，頭髮微禿，完全書生模樣。

「他不像是個花匠。」徐華琳輕輕地對秦小姐耳語。

秦小姐望着她粲然一笑，點頭說：

「妳的眼力不錯，他是金大園藝系畢業的，他大學畢業時，我們都還不會出世哩！」

「那他怎會幹這種工作？」徐華琳邊走邊問。

「他一直窮愁潦倒，這工作在他看來是份優差，他怎麼不幹？」秦小姐揚眉露齒地回答。

「他一個月多少工錢？」徐華琳好奇地問。

「管吃管住，兩千五百。」

徐華琳「啊」了一聲，又連忙用手搗住嘴。一個花匠也有兩千五百，竟和自己的「秘書」待遇一樣。

「不必驚奇，總經理花錢總是花在刀口上，這是他的最大長處。」秦小姐望望徐華琳似笑非笑地說。

她們一直走上臺階，走上長廊，靠近落地長窗那邊放有一排漂亮的沙發，幾張大理石面的小圓桌，地上舖着猩紅地毯，坐在這裏看海，看花，看打高爾夫球，或是下下棋，談談天，眞是再好沒有。

她們剛走上地毯，裏面就跑出一位明眸皓齒、穿着天藍色紅滾邊短褂長褲的俏下女，嗲聲嗲氣地對秦小姐說：

「秦小姐，您好。」

「秀娟，妳好。」秦小姐挽着徐華琳對她說：「這位是新來的徐秘書，以後妳要好好地侍候她。」

「是。」秀娟乖巧地彎腰點頭，嫣然一笑。

徐華琳看她那麼漂亮聰明，中國美人配上這種村姑式的服裝，就格外顯得俏麗。她的年齡又和自己不相上下，心裏自然有點喜歡她。

「秀娟是高商畢業生，專門負責招待貴賓。」秦小姐接着打趣地說：「徐小姐，妳看她像不像電影明星？」

「電影明星也不見得有她那麼漂亮呢！」

「徐小姐，妳眞會取笑人。」秀娟嬌羞地說，臉笑得像一朵紅茶花。

「秀娟，帶徐小姐到裏面去看看。」秦小姐說。

「好，徐小姐，隨我來，裏面眞像皇宮一樣。」她輕盈淺笑地碎步跑到門前，門自動打開。

秦小姐挽着徐華琳跟隨進去。

客廳舖着墨綠色地毯，一個五十來歲滿面風霜、身體結實的工役，正推着吸塵器在客廳裏轉來轉去。他看見秦小姐進來，只是點點頭，沒有講話。秦小姐反而問他：

「老趙，你好？」

「托福，托福。」老趙笑着點點頭，望一望徐華琳。

秦小姐向他介紹，他「哦」了一聲，又低頭推動吸塵器。

走過客廳，秦小姐悄悄地對徐華琳說：

「妳不要見怪，老趙就是這個樣子，其實人倒是蠻好的，實實在在，安份守己。」

「他以前是幹什麼的？」

「唷！」秦小姐一笑說：「他是個身經百戰的無名英雄，三條槓，他過的橋比我們走的路還多。」

「想不到這裏眞是藏龍臥虎！」徐華琳覺得「看潮廬」裏這三個小人物都不簡單。

「等會妳還可以見到譚老板。」秦小姐說。

「什麼譚老板？」徐華琳不解地問。

「是這裏的廚師。他是有名的譚廚，以前當過『天心閣』的老板，後來賭垮了，就到這裏來掌廚，總經理叫他譚老板，所以我們上下都這樣稱呼。他的湖南菜中外貴賓交口稱讚，妳在這裏也可以一飽口福。」

「難道這裏天天請客？」徐華琳問。

「雖然不是天天，一個禮拜也有三五次。」秦小姐回答：「譚廚、打高爾夫，這是總經理的新廣告術，多少生意就是這樣做成的。此外，還有許多意想不到的好處。」

秀娟突然停步，回頭對徐華琳說：

「徐小姐，這是日式房間，招待日本客人住的。」

徐華琳望望裏面，矮桌矮几、紙門、塌塌米，非常考究，不是平常所見的日式房間，這樣的房間一共有三間。此外美式、法式、義式、西班牙式以及古色古香的中國式房間一共有十五間，連秀娟的房間也抵得上二流旅館，比她家裏的房間不止好幾十倍。

秦小姐和秀娟又帶徐華琳看了另一個西班牙式套房，湖綠色地毯、席夢思大床、壁櫥、書桌、梳粧臺、電話、電視機、打字機、浴室等一應俱全，她以爲這也是招待貴賓的，秦小姐却笑着問她：

「這間套房妳住得慣嗎？」

徐華琳一怔，不知怎樣回答？她沒有想到要住這麼好的房間。秦小姐看她不作聲，又說：

「以前我也住這個房間，如果妳不滿意，可以換。」

「不，我不是不滿意，這裏太好了，我只是覺得住這樣的房間有點浪費。」徐華琳連忙說。

「這不算是最好的房間，」秦小姐說：「秘書也該有點派頭，公司大來大往，都有預算。妳要知道『看潮廬』就是公司的廣告部、業務處，錢不是白花的。」

徐華琳這才恍然大悟，覺得秦小姐畢竟是老資格，見識比自己廣。

隨後秀娟又帶她去參觀厨房，一個肥頭大耳的厨師正在獨自配菜。秀娟笑着叫他：

「譚老板，新秘書徐小姐來看你。」

他頭一抬，看見她們站在秀娟後面，一疊連聲說：

「歡迎，歡迎，今天我要弄幾樣好菜，一方面招待貴賓，一方面招待新秘書上任。」

「譚老板，你不招待我？」秦小姐打趣地說。

「秦小姐，妳不是新來乍到，恕我不再客套，要不要先看看今天的菜式？」

「你做的菜色香味俱佳，我還能有什麼意見？」秦小姐笑着說：「好，你做正事，我們不打擾你了。」

譚老板笑着把她們兩人送出厨房，秀娟對她們說：

「妳們兩位到走廊上休息一下，我端咖啡來。」

秀娟端來兩杯咖啡，秦小姐要她一旁坐下。她很歡喜說話，把這邊的情形都說給徐華琳聽。她知道經常來這裏打高爾夫的那些人，甚至報出每一個人的名字。

「這是有錢人玩的玩藝，一般人玩不起。」秀娟笑着說：「其實在這裏看他們玩，比自己打還有意思。」

徐華琳聽了好笑，秦小姐問她：

「妳看這裏如何？」

「沒有比這裏再好的地方了。」徐華琳說。實在的，她沒有見過比這更好的別墅。

高爾夫球場那邊，停了三輛黑色小轎車。

洪鶴臯和幾個健碩的中年人，已經在高爾夫球場裏打球，其中有個洋人顯得出人頭地，擊球也很有力，球從地面凌空飛起，劃個弧形線落到遙遠的草地上。他們幾個人的動作，徐華琳她們在「看潮廬」上都看得淸淸楚楚。

海上風平浪靜，海是一片蔚藍，遠方有一艘軍艦、一艘商船在緩緩移動，近處有幾艘小漁船在操作。陽光十分柔和，空氣淸新寧靜，沒有臺北那種鬧市喧囂。

徐華琳很喜愛這種環境，她在暗自慶幸能獲得這份優差，雖然她的薪水和花匠一樣，但她已經滿足了。

金錢決定人的價值高低，她開始體驗到錢的重要了。洪總經理要是沒有錢，怎能悠閒地玩高爾夫？怎能擁有這麼豪華的別墅？她要是有錢，早就出國唸書了，還當什們秘書。她兩眼直直地注視球場，心裏却在胡思亂想。

秀娟嘰嘰咕咕地和秦小姐談話，不時發出小母鷄生蛋般的咯咯笑聲，看來，她是個十分快樂的人。

徐華琳和秦小姐喝完了咖啡，秀娟又自動地拿出幾瓶美國蘋果汁和一盤點心。徐華琳覺得不好意思，秦小姐和秀娟却泰然地吃喝，彷彿這是日常生活節目。

時間在她們吃喝談笑中悄悄溜走，夕陽把天空染得通紅，海水、草地也變了顏色，她們三個臉龐也像花圃裏初放的玫瑰，顯得更加美麗。

三輛小轎車在「看潮廬」門前停住，走出六位臉色紅潤、身體結實、穿着運動裝的中年男人，她們同時立起，秀娟連忙回到房裏。洪總經理和那位高大的洋人並肩走上來，秦小姐和那洋人打招呼、握手，她和洪總經理同時介紹徐華琳和他認識。那洋人姓史密斯，徐華琳和他說了幾句客套話，他十分高興。其餘的人秦小姐也全都認識，徐華琳却連公司裏的業務主任蕭森也是初次見面。另外三位有的她聽過大名，有的在報上見過照片。

他們洗過澡換過衣服，休息了一會，才開晚飯。洪總經理把秦小姐和徐華琳安排在史密斯的兩邊，他坐在史密斯的對面。他的英語只能講幾句應酬話，其餘全靠秦小姐和徐華琳翻譯。有時他指定徐華琳翻譯，彷彿故意考察她的應對程度。談到業務上專門的話，則和蕭森耳語，由蕭森傳譯。但蕭森有時辭不達意，秦小姐就補充說明。

菜是最好的湖南菜，徐華琳不是湖南人，她只覺得味道好，却說不出名堂。上菜的不是譚老板，是活潑漂亮的秀娟。史密斯不時兩眼盯着她，咧着嘴笑。

飯後，那三位打球的客人先走，洪總經理、蕭主任和史密斯三人，在客廳裏正式商談一項一百五十萬美元的生意，秦小姐、徐華琳兩人任翻譯。他們手上各執一份合約的初稿，雙方字斟句酌地討論，最後，史密斯一聲OK，洪總經理便對徐華琳說：

「徐小姐，談你立刻照改正的打字，要兩份。」

徐華琳連忙趕到自己的房裏，迅速地把合約打好，交給洪總經理。洪總經理先遞給史密斯過目，史密斯看完後立刻簽字，又遞還給洪總經理，洪總經理交給蕭森，蕭森細看一遍，遞給洪總經理，輕輕地說「不錯」，便拿出鋼筆簽過字，送一份給史密斯，並和他熱烈地握手。

這夜，他們都住在「看潮盧」。

五

徐華琳第一次住在這麽富麗的房裏，躺在軟棉棉的彈簧床上，有點不大習慣，一時反而睡不着。她想到那張合約，一百五十萬美金就是六千萬臺幣，如果以三分利潤計算，這筆生意就賺了一千八百萬，眞是錢趕大伴兒。

「錢賺錢容易，人賺錢難，我賺這兩千五百塊一個月，眞是九牛一毛。」她心裏這樣想。她又盤算自己的這份收入，在這裏錢沒處用，一個月淨餘兩千二三百塊錢，再除貼補家用，可以積存千把塊，但這數目要存足留美的旅費，還得十年八年，那時自己已年華老去，還出什麼國？如果一兩年內不能去美國，那就絕望了。

「鍍了金的人，價値不同。洋博士比土博士吃香，社會如此，怎能怪我。」她常這樣說，這是她要留學的最大原因。但一想到每月只能積存區區千把塊錢，便氣餒了。

「要是公司方面能借我十萬八萬多好？這個數字在公司不過九牛一毛，却可以決定我的一生。」她這樣想。隨後她又嘲笑自己，剛求到一個職業就想入非非，眞是人心不足。「其實我用不着住這麽好的房間，連吃帶住，一個月不要化兩三千？如果將這筆錢給我，我寧可去住茅屋。」

軟棉棉的枕頭，漂亮的床單，她在床上顚了兩下，身子馬上彈了兩彈。她又望望湖綠色的地毯，比她上學時穿的毛絨大衣還要漂亮。她覺得現在自己住在這種房間裏實在沒有意思，如果能向總經理要求將這筆膳宿費用折爲現金，她就可以提早實行她的計劃了。但是，她怎能提出這樣荒謬的要求？

在胡思亂想中，她迷迷糊糊地入睡了。她作了一個美夢：置身在她理想的地方，和好幾個同班同學在綠草如茵楓樹如火的校園裏散步、談笑，不少同國籍和異國籍的男同學向她獻殷勤、吹口哨，她在自滿中逍遙陶醉。

好夢正酣，彷彿聽見卜卜的敲門聲，她一驚而醒，秀娟在門外叫喚，她連忙睜開眼睛，陽光已經照滿了窗帘。她起床開門。秀娟手上托着一盤早點，腋下挾着一個牛皮紙袋，輕盈淺笑地走進房來。

「眞不好意思，我起身太遲了。」徐華琳抱歉地說：「還要麻煩妳把早餐送來。」

「別客氣，秦小姐住在這裏時，也是一樣。」

「秦小姐起身沒有？」

「她和總經理他們上臺北去了。」

徐華琳覺得第一天就給人一個貪睡的壞印象，實在不好。秀娟見她發窘，笑着說：

「秦小姐知道妳睡新地方會不習慣，可能失眠，所以沒有叫妳，她留下這包東西，請妳打字。」

徐華琳接過她腋下的牛皮紙袋。

「其實這裏事情並不忙，就是應酬多，妳不必急。」

徐華琳見秀娟頭髮有點蓬鬆，倦容未退，笑着問她：

「昨天晚上妳是不是睡得很遲？」

「也不，」秀娟臉上微微一紅。「不過沒有睡好。」

「妳還沒有習慣？來這裏多久了？」

「兩年多，」秀娟答。「早習慣了。」

徐華琳拉她在身邊坐下，替她掠一掠披在耳邊的頭髮，輕輕地問她：

「妳在這裏多少錢一個月？」

「兩千。」秀娟伸出兩個指頭。

「那個廚師呢？」

「譚老板是五千。」

徐華琳肚子裏「唔」了一聲，沒想到他的薪水竟比她這個秘書高上一倍。再一想，自己是初來，難怪。她又說：

「那他比妳高多了！」

「也不見得。」秀娟抿着嘴笑。

「明明多了三千，怎麽不見得？」
「譬如客人的賞錢，我就比他多了！還有……」
「還有什麽？」徐華琳緊追着問。
「徐小姐不必我講，慢慢妳就會瞭解。」秀娟掠一掠頭髮，臉上微微一紅，輕輕地說。
徐華琳不好再問，走進洗漱間，匆匆梳洗一下，秀娟替她把床舖好，徐華琳連聲道謝。
早餐是牛奶、煎蛋、土司和火腿。徐華琳問秀娟吃過沒有？她笑着點點頭。
徐華琳吃了一個煎蛋，一片土司，喝完了牛奶，就不再吃。秀娟一面收拾一面說：
「妳吃得太少，史密斯一人要吃兩份。」
「他的個子大，自然要東西塡。」
徐華琳打開牛皮紙袋，看看有些什麽事要做。秀娟掠了一眼，笑着說：
「徐小姐，總經理今天不來，這些事晚上做也不遲。」
「總經理明天會來嗎？」徐華琳問。
「明天又有貴客來打高爾夫，他吩咐了譚老板準備酒菜，總經理怎麽不來？」
「三天兩天來打高爾夫，總經理倒眞會享受。」
「自然，他不像小職員要伏辦公桌，他的工作就是玩樂應酬，做大生意就靠這一手。總經理的手段非常靈活，到處吃得開，所以能賺大錢。有了錢還有什麼事不好辦？」

「秀娟，這樣說來，妳也知道錢的重要了？」

「徐小姐，我又不是傻瓜，怎會不知道錢的重要！」秀娟似笑非笑地說：「要是我有足夠的錢，就回家去開爿店，還會在這裏當下女供人使喚？」

「秀娟，我要是有十萬八萬，我早就出國留學啦！還會來這裏工作？可是我一直夢想這十萬八萬，它總是距離我老遠老遠。」

「這裏賺十萬八萬塊錢倒是不難。」秀娟輕鬆地說。

「我秘書薪水薄，賺這些錢談何容易？」

「光靠那幾個死薪水，自然有限啦！」

「不靠死薪水，難道還有什麼活錢？」

「機會一定有的，只要妳眼睛不長在頭頂上，出國的旅費自然不成問題。」秀娟走近一步，輕輕地說。

徐華琳怔怔地望着她，她端着盤子腰一扭走了。

徐華琳翻閱秦小姐所留下的文件，是幾封抄好了的信稿，只要打字。她知道秦小姐暗中關照她，怕她不熟，故意給她作個樣子。這幾封信不消一個鐘頭就可以打好，所以她放心地把它擱下。

秀娟化好粧又來找她，邀她去花圃看看。她眞是個天生的美人胎子，化了粧更加動人，那對水汪汪的眼睛，眞能攝人魂魄，顚倒衆生。

她挽着徐華琳走到花園，像對姊妹花。

花匠老劉正在剪花，客廳裏和每一個房間裏插的鮮花都由他負責供應，他看見徐華琳過來，笑着問：

「徐小姐，妳喜歡紅玫瑰還是白菊花？我好送去。」

「謝謝你，隨便什麼花我都喜愛。」徐華琳的回答很謙和，把他當作老前輩。她想，如果他有錢就可以開個園藝所，不必替別人當花匠。雖然他待遇不錯，到底屬於工役之流，對於一個大學出身的人，未免委屈。

「夜來香很好，妳要不要？」秀娟問她。

「我不想挑精揀肥，隨便他配。」她輕聲對秀娟說。

老劉把花一束束紮好，放進籃裏，帶露的鮮花特別好看，他剪滿了一籃，又繼續剪第二籃。

「劉先生，你幾天換一次花？」徐華琳問。

「少則三天，多則五天。」老劉笑着回答。他還是第一次聽到先生的稱呼。

「花供應得上來？」

「沒有問題，」老劉回答。「臺北公司裏的鮮花，也是這裏供應的。」

「劉先生，聽說你是園藝系畢業的專家，能這樣安貧樂道，眞是了不起。」徐華琳說。

「徐小姐，過獎了。」老劉伸伸腰說：「園藝是我的興趣，沒有錢發展自己的事業，只好當花匠。」

「錢，又是錢。以他的才幹，要是有錢什麼玫瑰中心呀，蘭花中心呀，一定大有成就。」徐華琳心裏在想。

「老劉，」秀娟笑着問：「你光桿一條，又是這麼大的年紀，發展園藝事業有什麼意思呢？」

「自然現在沒有這個打算，」老劉認命似地回答。「我是說初來臺灣的那幾年，那時我還不到四十歲，不像現在這麼老朽，如果那時有錢在臺北近郊買一塊土地，辦個園藝所什麼的，現在不是發達了？偏偏那時我窮愁潦倒，理想難以實行，又有什麼辦法？」

「你現在開始積錢也不太晚。」徐華琳說。

「現在臺北郊區的土地那麼貴，我一個月的工錢只能買坪把地，那有什麼用處？」老劉答。

「古話說：三十不豪，四十不富，五十將相尋死路。現在我已五十開外了，也許不一定會死，但壯年已過，沒有多大氣候了。妳正當青年，求學問，幹事業，就在這個節骨眼兒上。我們總經理三十多點就創下了這個事業基礎，現在也不過四十多歲。蓬柴火燄高，錢多好辦事，這才叫做得志。」

徐華琳覺得老劉的一番話很有道理，也更覺得錢的重要，不禁輕輕嘆口氣。

老劉說完了低頭剪花，完全順時聽天的樣子，他在枝枝葉葉上找樂趣，不在錢上找安慰。

「老劉，你怎麼不找個老伴兒呢？」秀娟問。

「在大陸上我有家有室。秀娟，不是我倚老賣老，我的女兒比你還大。現在，我這麼一大把年紀了，又沒有錢養家，何必找罪受？」老劉望着秀娟說。

「要是有錢，你結不結婚呢？」秀娟問。

「那又當別論。」老劉笑着回答。

「我還以爲你是忘不了太太呢！」秀娟諷刺地一笑。

「我固然忘不了她，但如果有錢的話，我也會有這個念頭，這不是很自然的嗎？金錢和愛情本來就不大容易分，妳說對不對？」老劉說。

秀娟拉着徐華琳走開，邊走邊對老劉說：

「老劉，我們還想到別處走走，不和你胡扯了。」

「錢，一切都是錢！」徐華琳在自言自語。

「不爲錢，我們在這裏幹什麼？」秀娟低着頭說。

「老劉又給我上了一課。」

「在這裏我是天天在上課。」秀娟忽然問：「妳知道昨夜那桌酒菜多少錢？」

徐華琳搖搖頭，秀娟放大聲音說：

「告訴你，一共五千多！」

徐華琳「啊」了一聲，秀娟又說：

「這有什麼稀罕的？三天兩天如此，不算一回事。」

「眞是富人一席酒，窮人半年糧。」徐華琳說。

「當初我要是有這桌酒菜的錢，不也上了大學？怎麼會來這裏當下女？」

「你想不想再讀書？」

「不，」秀娟搖搖頭：「我想賺錢。聽說我們總經理初中都未畢業，妳看他多神氣？大學畢業的老劉還替他當花匠呢！這不是錢在作怪？」

「秀娟，妳的話也有道理。」徐華琳點頭說。

「本來嘛！有錢能使鬼推磨，沒錢只好作龜孫子。」

六

徐華琳把打好的信件交給洪鶴皐，他看也不看就塞進皮包。徐華琳說：

「總經理不先過目一下？有錯我好馬上改。」

「我相信妳的工作能力，」洪鶴皐笑着說。「我信任我的幹部。我只管決策，不管鷄毛蒜皮的事。」

徐華琳沒想到他看不看得懂？只覺得他是個作大事業的人。這和程敬思老怪物完全不同，他就是愛管鷄毛蒜皮的事，省來省去，一個月也不過賺五千塊錢，抵不上洪鶴皐請一席酒，想起來又可憐又可笑。

「妳要不要和我去打高爾夫？」洪鶴皐又笑着問。

「謝謝，我不會打。」她欠身回答。

「以後別這樣客氣，那妳坐在走廊上看我打好了。」

她點點頭，他大踏步走了出去。老趙揹着高爾夫球袋跟在他後面。

她對高爾夫不感興趣，拿了一本「英文商業書信」閱讀，秀娟也拿着一本小說在她旁邊看秀娟的工作很輕閒，主要是招待客人，端端菜，一切打掃雜務都由老趙做，她打扮得花枝招展無非擺擺樣子。這使徐華琳想起「花瓶」，她不是「看潮盧」的活花瓶嗎？

「那我又算什麼呢？」她忽然想到自己。她的工作也和秀娟一樣清閒，陪客人吃一次飯，打幾封簡單的信件而已。至於總經理要她陪他打高爾夫球，她不知道是否屬於「工作」？她正在胡思亂想，秀娟忽然轉過頭來問：

「總經理請妳打高爾夫，妳怎麼不去？」

「我不會嘛！」

「會不會有什麼關係？他只不過要妳陪他玩玩。」

「我又不是陪他玩的。」她覺得秀娟的話有點侮辱。

「嗨，妳眞想不通，玩玩也有薪水，何樂不爲？」

「秦小姐也陪他玩嗎？」她忽然想起秦小姐以前也住在這裏。

「怎麼不陪！」秀娟誇張地說。「他們兩個人，有時玩一整個下午呢！」

「難道正經事都放在一邊？」

「來『看潮盧』就沒有正經事辦了，所謂正經事，就是酒席上面應酬，和貴賓談生意也是很輕鬆的，此外，就是玩，消磨時光。」秀娟說。

徐華琳怔怔地望着她。

「妳不要這樣望我，這是眞話。」秀娟說：「不信妳問老劉老趙，秦小姐是不是陪總經理……」

「好了，別說了，我知道。」徐華琳搖搖手說。

「徐小姐知道就好。你是聰明人，最好遷就一點，總經理在錢財方面是很大方的。」秀娟故意壓低聲音說。

徐華琳的思緒有點紊亂，書也看不下去，球又沒興趣看，拍拍秀娟的肩膀，笑着說：

「妳坐一下，我到房裏去有點事。」

「OK！」秀娟答了句洋話。

徐華琳回到房裏，把書往寫字枱上一擱，房門「砰」的關上，走到大鏡子前面，由頭至脚欣賞自己，雖然不像秀娟那樣俏麗，但自問也不在秀娟之下，論身材曲線，更有過之而無不及。她又望望梳粧枱上漂亮的大花瓶和一束鮮紅的玫瑰花，那彷彿就是她自己。

「秘書也好，花瓶也好，反正目的是錢，」最後她咬了咬嘴唇，自言自語說：「只要我能出國，管它的！」

她望望柔軟的彈簧床，懶洋洋地往床上一躺，覺得比家裏的木板床舒服得多。不知不覺，她竟朦朧入睡了。

她被啄木鳥般的聲音驚醒，看看錶，已經六點。她連忙起身，對鏡掠了掠頭髮，整一整衣服，然後跑去開門。站在門口的却是西裝筆挺的洪鶴臯，她有點尷尬。他笑着對她說：

「我留幾位玩高爾夫的老前輩在這裏吃飯，他們對我的事業很有幫助，等一會在席上妳恭維他們幾句，敬他們幾杯，讓他們高興高興。」

隨後他說出他們的姓名，都是擲地有聲。徐華琳覺得洪鶴臯眞是神通廣大，長袖善舞。入席時，他替她介紹說，「這位是愷公」，「這位是煦老」……稱呼得那麼自然、親切。被稱爲「公」、「老」的那幾個人，都是六七十歲的長者了，可是樣子一點也不覺得老，徐華琳看他們都不過五十上下，而且談笑風生，特別在她面前。

她記得洪鶴臯的話，適當地恭維一番，敬了幾次酒，使那幾位「公」、「老」皆大歡喜，都說「鶴臯老弟强將手下無弱兵」。樂得洪鶴臯哈哈大笑，順手一拍說：

「我洪鶴臯能有今日，全靠諸位老前輩栽培。」

送走客人之後，洪鶴臯十分高興地對徐華琳說：

「妳的表現很好，下個月起加妳五百，凑個整數。」

徐華琳聽了樂在心裏，表面上却裝作無所謂。她謝了一聲，就走回自己的房裏。

秀娟隨後跟了進來，隨手把門關上，笑着向徐華琳拱拱手：

「恭喜妳，徐小姐，我的話不錯吧？」

徐華琳抿着嘴一笑，隨口問道：

「妳初到這裏時，多少錢一月？」

「一千五。後來節節高，可是最近有半年沒加了。」

「妳還想加嗎？」

「妳問得眞好笑，錢是越多越好，怎麼不想！」

徐華琳也不禁失笑，說聲對不起，問道：

「妳可知道秦小姐的薪水多少？」

「在這裏時加到四千，現在可不知道了。」

「公司裏待遇最高的職員能拿多少？」

「大概不會比譚老板少，年終還有獎金、紅利之類的名堂，那就更弄不淸楚了。」

徐華琳聽了，心裏有個譜兒，她最高待遇大概可以向秦小姐看齊。秀娟看她心有所思，笑着問道：

「妳問這些幹嗎？」

「我看我到底能値多少錢？」徐華琳自嘲地說。

「嘿，徐小姐，憑妳這樣的人才……」

徐華琳知道她說不下去，哈哈大笑。秀娟則很尷尬。徐華琳拍拍秀娟的肩，輕輕地說：

「秀娟，我知道妳想說什麼。我不怪妳。」

七

徐華琳閒着無聊，向秀娟借書看。她看的小說很多，也不讓徐華琳挑選，隨手在書堆裏抱了一疊，往徐華琳懷裏一塞，說：

「我都看過了，妳拿去消磨時間吧」。

徐華琳高興地把書抱回自己房裏，悠悠閒閒地看她看的是些什麼。忽然發現其中一本包了黃牛皮紙的洋裝書，她隨手翻翻，却是滿紙橫行的鋼筆字，字體十分娟秀，其中的幾頁是：

三月六日　天雨

媽又來信要錢，我照數寄去，以盡孝心。

三月九日　天晴

今天總經理請了一個大濶佬，賞了我五百元。

三月十四日　天晴

我去醫院看父親，他的病好了，沒有錢他就好不了。錢實在太重要，古話說：「人是英雄錢是膽，一文錢逼死英雄漢。」眞是一點不錯。我準備積多點錢，回家開個小百貨店。

以下還有一天，記着洪鶴臯給他一筆巨額金錢的秘密。

徐華琳看到這裏，連忙把日記簿一闔，她再也看不下去了。她覺得應該不露形跡地將它還給秀娟，於是留下三本自己愛看的小說，其餘的書堆成一疊，那本日記也夾在中間，抱還給秀娟。秀娟奇怪地問：

「怎麼又送回來了？」

「我隨便拿了三本，足够我啃一個月；同時，我還要溫習舊時的功課。」徐華琳回答得很自然。

「看小說嘛，又不是讀課本，要死記死背。我看書不像妳，一兩天看一本。」

「妳很聰明，難怪妳人生經驗這樣豐富。」

「我可不懂什麼人生經驗，只是個小說迷而已。如果沒有我這種人，那些小說就不會暢銷。」

「秀娟，妳不但聰明，簡直淘氣。」徐華琳笑着說，隨卽走開。

秀娟一把拉住她：

反正妳閒着無事，不如和我聊聊。」

「說眞的，我要看書。」徐華琳附着的耳朵說。

「妳眞的急於出國？」

「妳以爲三千塊錢就留得住我？」

「佩服妳，心高志大。」

「人往高處走，水往低處流。我已經接洽好學校，考試也通過了，缺少的就是——東風。」

「妳是說旅費？」

徐華琳輕輕嘆了口氣。秀娟隨即問：

「要不要我替妳出個主意？」

徐華琳聽她的口氣，想起她那本日記，沒有作聲。

八

洪鶴臯送了徐華琳一件織錦緞衣料，裏面夾了一張十萬塊錢的支票。徐華琳非常驚異，她立刻想起秀娟的日記，但她終於悄悄地收下了。因爲她剛收到美國同學的來信，說替她找到了工做，半工半讀，催她早日登程。
當她把出國手續辦理妥當，這才告訴秀娟，同時把那同學的來信給她看。
「恭喜妳！日後得了博士學位，可別忘了『看潮廬』裏我這個下女！」秀娟開玩笑地說。
「患難之交，心照不宣。」徐華琳爽朗地說。
「妳明天走？」
「今天離開這裏，把家裏安頓好，後天離開臺北。」
「我眞捨不得離開妳。乘船，還是飛機？」
「飛機。」
「幾點？」
「下午兩點。」
「我一定到機場來送妳。」
「不必了，秀娟。以後我們常常通訊就是。」
「我一定要送。」
「好吧，妳一番盛情，我不阻止妳。」徐華琳微笑地說：「秀娟，妳打算在『看潮廬』再就多久？」

「妳不走，也許我會再就這麼一年半載。如今妳也離開了，我也無意就下去，早點回去開店舖，希望守得雲開見月明。」

「本錢够不够？」徐華琳關心地問。

「馬馬虎虎。」

「但願妳守得雲開見月明。」

「要是有這麼一天，我也想開一家大公司。」

「還想建一座別墅是不是？」

秀娟點點頭，兩人擁抱着大笑。

×　×　×

松山機場候機室裏擠滿了人。

徐華琳的母親和弟弟來送行，連十多年不來往的父親故舊，也到機場來握別，說幾句道賀的話。

秀娟和秦小姐同來，秀娟還帶了一本小說給她在機上消遣。徐華琳特別興奮，拍拍她的肩頭說：

「秀娟，妳想得眞周到。」

「機上寂寞，也可以解解悶。」秀娟笑盈盈地答。

擴音器突然催促旅客上機，徐華琳忙着和送行者一一握手，囑咐弟弟好好侍奉母親。她進入卡口之後，忽然想起什麼似的，又匆匆跑囘鐵網邊來，大聲對秀娟說：

「秀娟，妳的小說千萬不要隨便借給人，統統帶囘家去。」

秀娟聽清楚了她的話，似懂非懂地點點頭。

一座巨型客機滑進跑道，在隆隆聲中慢慢向前，終於凌空飛起，漸昇漸高，直上青雲。

空棺記

一

九龍溝是個聚族而居的大村，有幾百戶人家。原先此地是個强徒出沒的偏僻之地，龍從雲的遠祖九兄弟身强力壯，又都有幾手武藝，便在此地屯墾落籍。覬覦他們的强徒，吃過幾次大虧之後就不敢再犯，他們也替此地取了個名字「九龍溝」。龍家爲了自保，所以世代相傳，龍氏子孫也都會幾手武藝。傳到龍從雲這一代，以龍從雲的武藝最高。不少高手來向他挑戰，都鎩羽而去。不過龍從雲不是個好勇鬪狠的人，年齡越大，越含蓄謙虛。他常常告誡子侄們說：「天下只有第七，沒有第一。」又引用韓非子的話：「儒以文亂法，俠以武犯禁。」教訓子侄們不可惹事生非。但是他又急公好義，兼之排行老大，所以得了一個「龍大俠」的外號。

龍從雲五十大壽這天，在祠堂裏筵開十餘席。正在興高彩烈的時候，突然來了一個又醜又髒白眉白鬚的糟老頭子，在祠堂門口高聲求見。親戚朋友怕這糟老頭子掃了龍從雲的興，有人自動出來把糟老頭子趕走，糟老頭子出言不遜，一定要見，龍從雲只好親自下席來見他。糟老頭子打量了龍從雲一眼，問：

「你是龍從雲龍大俠？」

「不敢，在下就是龍從雲。」龍從雲謙虛地囘答。

糟老頭子從懷裏摸出一封紅紙拜帖，雙手遞給他，他打開一看，第一句話寫着「在下武鎮龍」，他倒退兩步，打量糟老頭子兩眼，凝神地問：

「閣下就是武朋友嗎？」

「不，」糟老頭子搖搖頭：「我是他的老奴。」

龍從雲哦了一聲，又繼續看下去：

「在下武鎮龍，雲遊天下，訪師求友。今到貴地，耳食大名，特來求教。請約定時間地點，以便準時赴會。」

龍從雲對「武鎮龍」這個名字，有點反感。他以前沒有聽過這名字，怎麽會突然冒出這個人來？而且這三個字又彷彿故意觸他的霉頭。但他到底是個有修養的人，心裏的不快，沒有掛在臉上，反而謙虛地對糟老頭說：

「老管家，請你轉告武朋友：在下年老力衰，早已封手，請武朋友另訪高明，恕在下不能奉陪。」說完卽將拜帖還給糟老頭。

糟老頭不肯接受，振振有詞地說：

「龍大俠，你是大名鼎鼎的高手，敝東人不遠千里而來，特爲求教，如果你不接受拜帖，老奴無法交差。」

「老管家，你先把紅帖帶回去，我決不使你爲難，改天我備桌水酒，替武朋友接風，請他原諒老朽不能奉陪。」龍從雲說，隨後又問：「請問武朋友住在什麼地方？我好回拜。」

「敝東人是個怪人，行踪不定，連老奴也不知道，有事他就找我。」糟老頭說。

「這就恕我失禮了。」龍從雲拱拱手，又把拜帖交還糟老頭。

糟老頭子一閃，飄退三尺，朗聲調侃：

「龍大俠，如果你不接受拜帖，豈不怕天下英雄恥笑？」

龍從雲也朗聲一笑，不亢不卑地回答：

「老管家，我龍某人安份守己，不是英雄，自然不怕英雄恥笑。你要是不肯把拜帖帶回去，就暫時存放在老朽這裏，先進來喝杯水酒如何？」

「照理本當進去拜壽，無奈老奴一身髒臭，不敢叨擾。」糟老頭說。

這時已經有不少人站在龍從雲身後，看這糟老頭放肆無狀，有點不平。龍從雲的兒子龍元甲，年少氣盛，忍耐不住，便對龍從雲說：

「爹，進去喝酒，別和這老傢伙囉嗦！」

糟老頭向龍元甲兩眼一瞪。龍從雲連忙喝兒子一聲：

「對長輩不得無禮！」

說完隨即摸出兩塊龍洋，遞給糟老頭，客氣地說：

「老管家既然不願進去喝杯水酒，在下只好折現，請老管家自由自便。」

糟老頭一手接過一塊龍洋，食指和姆指隨便一挾，兩塊龍洋都摺疊起來。大家不禁啊了一聲。

糟老頭隨即在懷裏一摸，摸出一錠銀元寶，對龍從雲說：

「今天是龍大俠五十大壽，敝東人囑咐老奴奉上一份薄儀，老奴差點忘了。請少君代收吧！」

話音未了，一錠元寶便如疾矢般地向龍元甲臉上飛來，龍元甲閃避不及，想不到龍從雲隨手一抄，握在掌心。糟老頭一笑說：

「龍大俠眞的名不虛傳，難怪敝東人要想討教。」

「豈敢，豈敢！」龍從雲雙手拱了幾下：「就憑老管家這兩手，我龍從雲也自愧不如，更不用說武朋友本人了。」

「好說，好說！今天算老奴空跑一趟，囘去免不了一頓責罵。敝東人一向任性，不達目的不休，說不定他會親自登門討敎。」糟老頭說。

「請老管家在武朋友面前包涵包涵，就說我龍某人確是老朽，不如另訪高明。」龍從雲拱拱手說。

「多謝龍大俠的厚償！」糟老頭也向龍從雲拱拱手說：「老奴告辭了。」他一邊說，一邊後退，比人家向前走還快好幾倍。

大家呆呆地望着他，鴉雀無聲。直到不見人影，才有人說：

「想不到這糟老頭也有幾手。」

龍從雲轉向龍元甲，敎訓他說：

「以後不可以再冒冒失失！今天差點吃眼前虧！」

龍元甲低着頭不敢作聲。

龍從雲邀大家重新入席。剛才那糟老頭使大家心裏長了一個疙瘩，喝了一會悶酒，沒有講話，還是龍從雲自己打破沉悶：

「眞是無巧不成書。」龍從雲摸出拜帖邊看邊笑：「我們姓龍，偏偏就有一個武鎭龍，彷彿是我們的尅星。」

「大哥，你何必那麼客氣？」龍從雲的三弟龍從雨說：「武鎮龍既然這麼狂，那糟老頭又如此放肆，你要是答應他比武，也好乘機教訓他們一頓，免得長了他們的志氣，還以爲你眞怕他。」

「老三，饒人不是痴漢，痴漢不會饒人。」龍從雲望着龍從雨說：「我年紀大了，如果我教訓了他，不過是徒然結怨，以後的麻煩可多，你們自問有誰是他的對手？」

龍從雨和子侄們都默不作聲。他們知道沒有一個人能趕上龍從雲。對付糟老頭都有問題，何況那未露面的主人？

別人搭訕地接過龍從雲手中的拜帖看看，你傳我，我傳你，傳到龍從雲的小舅子吳振東手裏，他掠了一眼，右手突然在桌上一拍：

「這主僕二人也實在太狂！」

「來者不善，善者不來。」龍從雲說：「以前到九龍溝來找我的，又有那一個是弱者？」

「可都沒有武鎮龍這麼狂！」

「他既是雲遊天下，本領自然很大，當然沒有把我放在眼裏。」龍從雲說。

「這口氣實在不大好受，」吳振東說：「要是那糟老頭未走，我倒要教訓教訓他。」

「你可知道打狗欺主？」龍從雲問他。

「姐夫，你既不接受武鎮龍的挑戰，又讓那糟老頭奚落一頓，傳出去了豈不有損你一世的英名？」

「我不像你們年輕人好勝，我倒不在乎這身外之名。」龍從雲笑着喝了一口酒，又舉起杯子向大家說了一聲「請！」大家都舉起杯子喝了一大口。

「大哥，我有一點疑問。」龍從雨放下酒杯，站起來說。

「你有什麼疑問？」龍從雲說。

「武鎮龍那小子既然窮吹雲遊天下，要眞是有頭有臉的人物，爲什麼我們從來沒有聽說過？」

「這也難怪，」龍從雲淡然一笑：「說不定是初出道兒的，所以才這樣盛氣凌人；要不然就是我們實在孤陋寡聞。天下太大，我們不知道的事兒多的很，豈止武鎮龍這個人？」

「大哥，照你看，武鎮龍會不會就這樣罷了？」龍從雨又問。

「這倒難說。」龍從雲摸摸下顎，沉吟了一會。

「那我們倒要防防他偷鷄摸狗。」

「他既然公開挑戰，諒他不會破壞武林規矩。」龍從雲說。

大家又交談了一會，吃了點酒菜，草草結束。龍從雨站起來對大家說：

「今天大哥生日，想不到被那糟老頭掃了興，我帶着子侄們到院子裏練幾趟拳脚助助興，答謝諸位至親好友。」

龍從雨雙手拍了幾下，五六個年輕人都走到他跟前來，他吩咐他們說：

「各人去換衣服，到院子裏集合。」

年輕人馬上四散，他自己也去換了一身黑短上衣燈籠褲，首先來到院中。

龍家的院子是個四合院，比一般人家晒場還大，青石板地，整整齊齊。周圍是房屋走廊。閒時龍從雲就坐在走廊上看兄弟子侄們在院中練武，他隨時指點，間或下場去示範一下。

龍元甲和兄弟輩都換短裝下場，龍從雲陪着親戚朋友和族中長老坐在走廊中的石槐上觀看。

龍從雨帶着子侄們先練了幾趟拳脚，再練兵器，也表演了幾手龍家秘傳鐵沙掌，親戚朋友交口稱讚。

「憑他們這身武藝，你也該讓他們去外面闖闖，揚揚名聲。」龍從雲的兒女親家胡大爹說。

「親家，人外有人，天外有天，他們還差得遠！何必出去丟人現眼？」

「武鎮龍既然向你挑戰，你不妨乘這個機會讓他們磨練磨練，何必一口謝絕？」

「親家，比武不是兒戲，非死卽傷。我知道他們沒有一個是人家的對手，怎麼能送羊入虎口？」

「你太把自己看扁了！」

「親家，恕我說句放肆的話。會看的看門道，不會看的看熱鬧。你不是習武的，看了他們的花拳繡腿，就以爲了不得，其實只能唬唬外行，都不到火候。」

「那武功一道不是太難？」

「比十載寒窗艱苦多了！」龍從雲無限感慨：「我八歲習武，現在五十了，不過浪得一點虛名，比起前輩高手，眞算不了什麼。」

龍從雨忽然在場中率着子侄們向大家抱拳拱手說聲「獻醜，獻醜。」就結束了這場餘興。

龍從雲也向大家抱拳拱手說：

「今天賤辰，承諸位至親好友本家，來寒舍熱鬧熱鬧，十分感謝。至於武鎮龍投帖比武的事，請諸位包涵，包涵！遮醜，遮醜！」

二

客人散後，龍從雲心裏暗自尋思，這武鎮龍到底是怎樣的人物？以前向他挑戰的都是親自前來，當面講好，態度都很客氣。沒有這武鎮龍倨傲不恭，打發下人來投帖，而且存心戲弄，有意激怒他。要是在二十年前，他會當面教訓那糟老頭幾句，要他主人馬上前來見個高低。現在自己的修養雖然已經爐火純青，但武鎮龍的武藝却莫測高深，要是他再親自前來挑戰，那非接受不可。顯然，武鎮龍對於自己的武藝早已打聽清楚，他對武龍鎮却一無所知，要是眞的比畫起來，那很不利。

睡覺以前，他獨自在黑暗中練了一會拳脚氣功。鷄叫以後，他又照例起來打坐練功。然後戴頂破草帽，換身破衣破鞋，從鍋底下抹了一把鍋烟，在臉上抹了幾下，出去明察暗訪，看看縣城裏面和附近鄉鎮有沒有什麼高手出現？習武的闖蕩江湖的方式往往是街頭賣藝，武鎮龍自然也不會例外，除非他是王孫公子。

他先到附近的鄉鎮走走，看看沒有什麼動靜，也沒有聽人談起有什麼賣跌打損傷膏藥的，他便轉到縣城裏來。

茶館是打聽消息的好地方。誰家老婆偷人？誰家公公爬灰？都會在茶館裏傳開來。江湖賣藝的更是熱門新聞。

他先到東門一家大茶館坐下，沒有人認出他，他暗自高興，他肚子很餓，向提着花生籃子的小姑娘買了一斤炒花生，一筒芝蔴餅，一面吃喝，一面留心聽別人的談話。吃飽喝足之後，還沒有聽到一點消息，倒是聽了不少葷話和桃色新聞。

以後他又跑了兩家茶館，聽到一點消息。他跑到能仁寺去看，廣場上果然有個赤膊賣藝的中年人，只說不練，他暗暗打聽他是不是武鎮龍？結果不是。但他還是耐性地等到他練拳，練刀，看看沒有什麼稀奇。正想要走，他身邊一個青年人說武廟有個賣藝的老頭子比這人强得多，他就跟着這青年人一道去武廟。果然青石板的廣場上圍了很多人，他擠進去看，原來就是昨天下帖的那個糟老頭。

糟老頭正在耍六合刀，的確不同凡響，刀風虎虎，身子輕靈，完全不像一個老頭子。隨後他又表演了一套猴拳，一套兩儀劍，覺得糟老頭眞是個高手。因此也更加躭心，僕人如此，那不露面的武鎮龍當然更高了。

他擠在人羣中觀看，糟老頭沒有發現他，他直看到糟老頭表演完畢，從頭上取下破氈帽，仰過來向觀衆討錢時他才悄悄離開。

此時正是夕陽西下，晚霞滿天，龍從雲出了東門，踽踽獨行，心裏有點懊喪。天亮前悄悄離家，在外面明查暗訪了一整天，只看到那糟老頭，武鎮龍却眞人不露相，實在有點蹊蹺。至於另一位賣藝的中年人，他以爲決不會是武鎮龍，憑他那點本領，還不是他兒子龍元甲的對手，自然不敢狂妄到向他挑戰，所以他根本沒有把那中年人放在心上。

縣城離九龍溝有五十華里，他走了十來里路就天黑了。無星無月，路上很少行人。北風呼呼，中途要經過一座斷魂嶺，嶺上野狼出沒，冬天傷害人畜更多，所以得了這麼一個惡名。因此行人決不敢單獨夜過斷魂嶺，年輕的漢子也要十個八個結伴同行，手上還要提着馬燈、扁擔、棍棒之類的東西，準備隨時應變。龍從雲因爲仗着一身武功，經常在這座山嶺獨來獨往。這天他自然也不在乎。

他耳聰目明，上嶺時更快如猿猴，只聽見狼嗥，沒有發現惡狼擋路。下嶺時他發現路邊松樹林中有兩團大小如彈珠的慘綠光亮，他知道那是一頭大狼。他身上雖然有幾粒鐵彈子，但他不願意浪費，仍然行雲流水般地下山。

不久他聽見後面有極輕微的脚步聲，要是普通人眞聽不出來。他知道是那頭大狼跟踪他。他快狼也快，他慢狼也慢，如影隨形。他心裏好笑，暗罵了一聲「畜牲」，故意把脚步一停。他肩上立刻搭上兩樣東西，彷彿有人從後面拍他的肩膀。他知道這是狼的詭計，誘他回頭，牠好一口咬住咽喉。他偏不回頭，故意僵在那裏，狼嘴裏呼出的熱氣，噴到他後頸窩上，癢癢的。但他仍然凝神屏息，木立不動。狼等得有點不耐，他突然感到牠兩隻脚一按，他右掌立刻向頸後反拍，狼的尖嘴向後頸窩一撞，輕嗥了一下，咚的一聲倒在路邊。他罵一句「該死的畜牲！」隨手提起狼的兩隻後腿，往肩上一扛，一口氣趕回家。

家人一天不見他，心裏有點納罕。看他這身打扮，又揹着一隻死狼回來，都眉開眼笑。龍元甲問他：

「爹，你怎麼這樣打扮？」

「出去有點事兒。」龍從雲回答。

「大哥，你是不是出去暗訪武鎮龍那小子？」龍從雨問。

龍從雲點點頭，把狼往院子角落裏一擱，擲出七八丈遠。

「訪到沒有？」

「沒有，」龍從雲搖搖頭。「只見到那糟老頭。」

「看樣子武鎮龍這小子倒眞有點來頭？」龍從雨說。

「這幾天你們加緊練練，」龍從雲對弟弟和兒子說，「恐怕這次我會栽在姓武的手裏。」

「大哥，你別長他人的志氣，滅自己的威風。」龍從雨說。

「老三，歲月不饒人，我到底上了年紀。」

龍從雨和龍元甲叔侄兩人，望着龍從雲兩鬢的白髮，黯然無語，龍從雲對他們揮揮手說：

「你們先到場子裏練練，我吃過飯就來。」

龍從雲換換衣服，洗洗臉，吃過飯休息一會，才提着長旱烟袋，踱到廊下來。

廊下的柱子上掛着兩盞馬燈，整個院子裏都有光亮，龍從雨率領子侄們在院子裏成對地練推手、擒拿……龍從雲走進場中，隨時指點。

他們正在聚精會神地練功時，突然一個紙鏢飛了過來，龍從雲伸出食中二指挾住，龍從雨和子侄們立刻竄到院子四周把守探望。龍從雲不慌不忙，把紙鏢拆開看了一遍，然後高聲說：

「武朋友，你既然存心逼兄弟獻醜，就不必藏頭縮尾，請你眞人露相，我們一言爲定好了。」

「老奴遵命！」屋角埰上突然冒出一個人影，翻身下來，落地無聲，然後一個箭步跳到龍從雲的面前，把一頭死狠往龍從雲脚前一放：「剛才老奴在嶺上逮住這隻畜牲，順便孝敬龍大俠。」

龍從雨他們早就圍了過來，龍從雲一看又是糟老頭，眉頭一皺說：

「老管家，痲煩你轉告武朋友：明天巳時，兄弟和他在龍王廟戲臺上見面。不用兵器，徒手比畫幾招，點到爲止，免得傷了和氣。」

「老奴一定把話傳到！」糟老頭抱拳一拱，正要離開，龍從雨忽然對他說：「老管家，那位武朋友的架子可眞不小，一再要你傳話。他自已既不屑和我大哥會面，那又何必找我大哥比武？」

「龍三爺，那你是逼我獻醜了？」糟老頭哈哈一笑，伸手在臉上一抹，露出一副白淨的面孔，兩道劍眉，看來不過三十來歲，英氣逼人。

龍從雲倒退一步，龍從雨他們一怔，呆呆地望着他。龍從雲摸摸下巴說：

「武朋友，你耍的花招太多了。」

「明天在擂臺上小弟不再耍花招就是。」武鎮龍雙手一拱，立地翻身，翻上短牆，攀上屋埰，消失在黑暗之中。

龍從雨和子侄們面面相覷，龍從雲讚了一聲說：

「武龍鎮的輕功的確不錯。」

「不知道拳脚上如何？」龍從雨說。

「這很難說，龍從雲指指面前的狼說：「你把這條狼檢查一下看看。」

龍從雨把狼翻來覆去，倒摸順摸，查不出什麼傷痕，沉吟地說：

「奇怪，不知道那小子是怎麼把牠弄死的？」

「看樣子我眞的遇上對頭了。」龍從雲望着黑暗的天空說。

三

龍從雲獨自在靜室裏打坐。這間房屋是他平時運功行氣的地方，幾十年來如一日。每次比武之前，他都打坐通宵，今天亦不例外。

龍從雨怕武龍鎭前來暗算，他和子侄兩人一班，輪流巡查，他和龍元甲擔任子時這一班。他們兩人對明天的比武十分躭心，生怕龍從雲一世英名毀在武龍鎭手裏。

「三叔，我看武鎭龍那小子比以前幾個武師都强。」龍元甲悄悄對龍從雨說。「爹也不像以前那麼輕鬆。」

「可惜我的火候不够，不然我就代他出場。」龍從雨說。

「我也這樣想，只怕我這一輩子也趕不上爹。」龍元甲說。

「你還年輕得很，再下十年二十年苦功，可能趕上你爹。」

「武鎭龍那小子看樣子不過三十來歲，就有這麼大的本領，也眞不容易。」

「一方面是師承，一方面是天分，學武和學文是一樣的道理。」

「學文可沒有人來找麻煩。」

「教書先生照樣會碰上遊學的先生，明是切磋唱和，其實還不是和武鎭龍這小子一樣想出頭逞能。」

「這小子實在太狂！希望爹能把他打下擂臺，挫挫他的傲氣。」

龍元甲的話剛說完，嘴上就中了一團蠶豆大的泥巴。他想躍上短牆查看，龍從雨把他拉住，囑咐他不要輕舉妄動，中了調虎離山之計；也不要聲張，免得驚動龍從雲。龍元甲只好啞子吃黃蓮，悶聲不響。

北風越颳越緊，寒冷刺骨，他們躲進走廊角落裏避風。龍從雲從靜室裏傳出話來，叫他們去睡。龍從雨走近窗口，輕輕地說：

「大哥，武鎮龍那小子的花招實在太多，我們不大放心。」

「我和他往日無仇，近日無怨，他不過是想出名，諒想不會使出卑鄙手段。如果我們先自緊張，正好中了他的詭計。」龍從雲說。

「大哥，明天如果情形不對，我們叔侄幾人一起上如何？」龍從雨壓低聲音說。

「千萬不要壞了規矩，壞了家聲。我們不能做出那種丟人的事來。」龍從雲厲聲說：「你們去睡，不用操心。」

他們兩人悄悄走開，各自回房休息，仍然衣不解帶。

天亮前北風突然停息，飄起片片雪花，龍從雲走出靜室，在院子裏散步。他精神很好，臉上又紅又白，看來不像五十歲的人。

他打發子侄去把戲臺打掃乾淨，他又親自檢查了一遍。這座戲臺是專爲逢時過節酬神許願唱戲用的。離地五尺，木板平整。他在這上面比武了幾次，每次都旗開得勝。他暗自思忖，今天是他最後一次比武，希望能够保住面子，不要砸在臺上。

雪越下越大，如鵝毛般漫天飛舞。他想如果大雪能使武鎮龍爽約，倒也不是一件壞事。九龍溝的人看見淸早就有人打掃戲臺，知道必有大事。又發現龍從雲在臺上出現，便想到那個糟老頭，雪天無事，大家都等着看熱鬧。

龍從雲回家喝了一杯高麗參水，早餐只吃了個半飽。換了一身短裝，一雙軟底黑緞鞋，要兒子拿出那柄四十九斤重的鐵傘，撐着出來。他撐着這柄鐵傘，就像撐着普通雨傘一般輕鬆。地上的雪已經積了一兩寸深，他走在上面竟然沒有顯著的脚印。

戲臺周圍已經站了很多看熱鬧的人。族中幾位長老看他過來都圍住他問：

「你不是拒絕了那姓武的挑戰嗎？怎麼又擺擂臺？」

「本來我不想再獻醜，無奈那位武朋友逼得太緊推辭不掉，只好陪他走幾招。」龍從雲答。

「那姓武的欺人太甚，你應該給點顏色他看。」

「他不把我打下擂台就算好的，還能給顏色他看？」龍從雲笑着回答。

大家聽了他的話不禁一怔，半天沒有作聲。忽然有人不服氣地說：

「難道那姓武的眞有三頭六臂？」

「人家是眞有幾手，不是鬧着玩的。」龍從雲說。

大家又啞口無言，暗自納悶。

龍從雲和兒子兄弟走上臺去，他把鐵傘一收，交給兒子拿着。他縱目望去，地上一片雪白，天上一片渾沌。路上沒有一個行人，不知道武鎮龍是否動身？或者又耍別的花招？

臺下的人越聚越多，像酬神許願看戲一樣。雪落在他們頭上身上，他們渾然不覺。龍從雲請幾位年老的長輩到後臺聊聊天，不要站在雪裏等。後臺可以坐十來個人，大家抽抽烟，聊聊天，時間比較容易打發。

老年人非常關心九龍溝的榮譽，先前聽了龍從雲的話，心裡彷彿塞了一塊石頭。有個花白鬍子的老頭終於忍不住對龍從雲說：

「今天這個擂臺千萬不能給那姓武的小子打下來，必要時你下個殺手，打死那小子活該。」

「二叔，不管勝敗，我希望今天有個好收場。」龍從雲回答：「仇怨一結，一百年也解不開。我總有死的一天，何必連累後代？」

「可是祖先的面子也不能不顧啰。」

「我一定盡力而爲，希望列祖列宗保佑。」

「那我陪你到廟裏磕個頭，許個願：要是這次你贏了，我獨資唱三天戲，酬謝天地祖宗神明。」龍二叔說。

龍從雲看看還不見武鎮龍的踪影，便和龍二叔等長輩到對面龍王廟去。

龍二叔親自上香，拉着幾個老頭子陪着龍從雲磕頭，龍二叔當着龍王爺面前許下那個大願。龍從雲再回到戲臺上，左手在眉毛上搭個涼棚，向縣城那個方向望望，還是不見武鎮龍的影子。臺下的觀衆也有點急躁，有人說：「已時早到了，姓武的怎麼還不來？」龍二叔把拐棍在臺上一篤說：

「要是姓武那小子誤了卯，這個擂臺就算取消，我們過時不候。」

「一時有三刻，除非那小子膽怯，未必趕不來？」另一位老頭說。

「說不定他在斷魂嶺餵了狼呢？」又有人說。「這種雪天，正是狼羣出來找食的時候。」

這一說馬上引起一陣議論。每年雪天都有人在斷魂嶺遇害，去年九龍溝就有一個青年人死在狼的口裏。

他們的猜測並沒有離譜，武鎮龍一早就騎着一隻大黑驢直奔九龍溝而來，行到斷魂嶺，就遇到兩隻惡狼當路，驢子見了狼駭得直流尿，不敢行走。那兩隻狼又一前一後攻擊驢子，驢子在山路上團團轉。武鎮龍揮起手上的皮鞭，捲起一隻狼，活活把牠摔在石頭上撞死。另外一隻狼大聲嗥叫，呼引同類。武鎮龍趕着驢子向前跑，驢子四腿發軟，跑也跑不動。這隻狼纏着驢子不放，另外六七隻狼又四面八方包抄過來，驢子更是屎尿齊流，全身發抖。要是他一個人，他倒可以一心對付狼，現在却要分心照顧驢子。他一走，驢子一定會被狼分屍。幸好他手上有一條皮鞭，他打得拍拍响，狼一接近，他就對準狼頭上一抽，狼就在地上打滾，甚至一下就暈死過去。有一隻狼從後面跳上驢背，他反身揚手一砍，狼的腦殼碎裂，墮地而死。他一連打死三隻狼，其他的狼就有點膽怯。他鞭着驢子屁股邊跑邊應戰，狼仍緊追不捨。下嶺時驢子心慌脚欢，摔了一跤，他乘勢躍下。一隻狼朝他撲來，他一掌把狼打下山谷。

驢子跌在路上沒有爬起來，三隻狼爬在牠身上咬，他抓起一隻狼的後腿，隨手一揮，把那兩隻狼撞下驢背，有點暈頭轉向，又用手上的狼橫掃一下，一隻狼被他掃下山谷，一隻狼夾起尾巴逃命。他看看手上這隻狼已經奄奄一息，他本想拋到谷底去，但一轉念，覺得還是留牠作個見證好，免得九龍溝的人說他故意誤卯，龍從雲說他又耍花招。他雙手在狼頸上一扼，把狼扼死。

驢子驚驚慌慌地爬了起來，牠背上肚皮上咬傷了幾處，幸無大碍，他提着死狼騎上驢背，把死狼橫放在上面，趕着驢子一只氣奔到九龍溝龍。

龍從雲老遠就望見一騎黑驢在雪地上奔跑，越跑越近。他看出是武鎮龍，觀衆也緊張起來。

武鎮龍騎到臺邊，把驢子勒住，把死狼往雪地上一摜，雙手抱拳向龍從雲一拱：

「龍大俠，對不起，勞你久等。剛才小弟在嶺上遇到一羣狼，費了不少手脚，所以來遲一步。」

「武朋友眞好身手！」龍從雲也抱拳還禮。「既然路上辛苦了，我們這檔事兒就改期如何？

」

「不必，不必。」武鎮龍身子一提，跳上戲臺。「打發幾隻狼還不費什麼大力氣。」

「佩服，佩服！」龍從雲拱手。

武鎮龍穿着黑緞短襖，緊腳長褲，而貌英俊，氣宇不凡，兩眉間隱隱有股殺機，大家看了他這副模樣，不禁倒抽一口冷氣。

他首先把短棉襖內衣脫下，往驢子背上一拋，驢子背上已經蓋了一層雪，龍從雲要他把衣服放到後臺去，他搖搖頭說：

「不必，不必，我領教幾招就走。」

他肌肉雪白，站在臺角暗暗運了幾次氣，就準備交手。這麼冷的大雪天，赤膊上看不出鷄皮疙瘩。

龍從雲去後臺脫了衣服出來。走到武鎮龍斜對面的臺角，向武鎮龍兩手一張說：

「武朋友，你看我兩手空空的。」

「我知道龍大俠光明正大，不帶暗器。」

這時臺上只有他們兩個人。龍從雨，龍二叔他們都站在臺下。龍從雲對臺下說：

「今天是我最後一次獻醜，我向武朋友討教幾招，不問勝敗，旁人不得插手。」

龍從雲隨卽轉向武鎭龍，拱拱手說：

「武朋友，請你高抬貴手，我們點到爲止就是。」

「龍大俠請！」武鎭龍雙手一拱，腰一挫，左脚落實，右脚足尖點地，脚跟提起。

龍從雲神定氣閒，說了聲「武朋友請」，武鎭龍右手使出一招「青龍出水」，直攻龍從雲心窩，龍從雲左手一招「白鶴晾翅」，接着右手使出一招撲心掌。兩人的動作都快如閃電，誰也沒有沾上誰。

雪下得很大，鵝毛般的雪花瀟瀟洒洒，使人眼花撩亂，臺上人影晃動，拳來脚往，也使人眼花撩亂。突然聽見龍從雲大喝一聲，兩人先後飛下臺來。龍從雲扶着武鎭龍說：

「對不起，恕老朽失手。」

武鎭龍昂然挺立，朗聲回答：

「龍大俠名不虛傳，小弟今天認輸。三年後的今天，再來此地領教！」

說完拿起驢背上的短襖，抖掉雪花，穿在身上。

龍從雲吩咐兒子拿過鐵傘，親自撑開，遮在武鎭龍的頭上說：

「武朋友，這是老朽隨身之物，送給你作個紀念。」

武鎭龍打量了雨傘一眼，接過去顚了兩下，似笑非笑地回答：

「多謝龍大俠的美意，我就暫時借用一下；我這隻黑驢也是隨身之物，跑路雖快，過嶺倒是個累贅，小弟就送給龍大俠耕地拖車吧！」

「多謝武朋友，我一定好好地飼養。」

他隨卽吩咐龍從雨和龍元甲送武鎭龍進城：

「你們代我在老振興備桌水酒，替武朋友餞行。」

「後會有期，不必客氣。」武鎭龍說。

「武朋友初來敝地，我應該盡盡地主之誼。」龍從雲說。

「好吧，那我恭敬不如從命。」

武鎭龍邊說邊拱手，隨卽放開脚步，領先離開。

他右手舉傘，身子如行雲流水，走得極快。龍從雨龍元甲叔侄兩人緊緊跟隨。

武鎭龍傘不換手，脚不停步，直奔斷魂嶺。他們叔侄兩人追隨不上，累出一頭大汗，暗自叫苦，也暗自佩服。

上嶺時沒有遇見狼。下嶺時看見一隻狼躲在樹林裏面，看見他們有三個人，不敢攻擊。大概先前死了幾隻同類也有關係。

走到東門，武鎭龍的傘還在右手上。他回轉身來對龍從雨龍元甲叔侄說：

「多謝兩位相送，多謝龍大俠的美意。酒席我心領了，請兩位回去。小弟學藝不精，這次丟臉，三年後一定再來向龍大俠討教。」

「家兄發誓不和人比武，武朋友最好另訪高明。」龍從雨說。

「小弟跑遍南北五省，還沒有遇到一個比他高明。」武鎮龍說：「你放心，小弟自然有辦法向他討教。」

武鎮龍拱拱手，轉身進城，步伐更快。龍從雨龍元甲自知追趕不上，只好隨他。他們叔侄兩人在東門小館子裏吃了午飯，買了兩根桑樹扁擔，作爲打狼的武器，急急趕回家來。

回到家裏，龍從雨對龍從雲第一句話就說：

「大哥，我看三年後武鎮龍一定會再來。」

「武鎮龍太好强好勝，不把我打敗不會甘心。」龍從雲說。

「他辦得到嗎？」龍從雨問。

「他現在的功夫已經少有，如果在這三年再得到高人指點，恐怕我不是他的敵手。」龍從雲說。

「大哥，你也可以勤練。」

「我上了年紀，不像他日正當中。」

「爹，今天你是怎麼把他打下臺的？」龍元甲問。

「還是摸心掌。」

「他怎麼沒有受傷？」龍從雨問。他知道道哥哥的摸心掌能够拍倒緊閉的大門。

「我只用八成勁。他知道厲害，借力翻下臺去，所以沒有受傷。」

「爹，他的手勁也了不得！右手托着鐵傘，走了五十里路。」龍元甲說。

「我知道他有這份功力。他這次輸得口服心未必服，所以要在你們面前露這一手。」

「大哥，如果三年後他眞的再來，那怎麼辦？」龍從雨已經被武鎮龍的武藝懾服，知道自己和子侄們決不是他的對手。如果將來大哥也被他打敗，那誰也無法挽回這個面子。

「姓武的不會饒人，他說了要來一定會來。到時候我再作決定。」

「我說了你發誓不再和人比武，他說他有辦法向你討教。」

「他太自信。」龍從雲摸摸嘴巴一笑：「不管他再耍多少花招，比不比在我。」

四

武鎮龍敗走之後，龍從雲每天早晚督促子侄勤練。他自己更是遍覽武術典籍，揣摹張三丰的太極拳經，王宗岳的太極拳論。他精通少林、形意、八卦、各家拳術，融會貫通，但自愧不如張三丰等前輩高人。對於武鎭龍他也覺得後生可畏，沒有一點志得意滿的傲氣。

第三年，他和三弟從雨，兒子元甲，化裝出門，分途明察暗訪，探聽武鎭龍的行跡。

龍從雲有不少武林朋友，他一一拜訪，他們聽說他把武鎭龍打敗了非常高興。有一位敗在武鎭龍手下外號「通臂猿」的姜元傑，是通臂拳名家，聽見龍從雲講他和武鎭龍比武的始末之後，又興奮又惋惜地說：

「總算你替我出了一口氣。可是你對那小子太客氣了！那小子眼高於頂，心狠手辣。說出來不怕你見笑，那次和他交手之後，我在床上躺了一個多月，你爲什麼不一掌把他打死？」

「姜兄，我個習武的人最忌出手傷人，尤其不可結仇結怨。」龍從雲說。

「如果他下次再找上門，把你打敗了怎麼辦？」姜元傑說。

「勝敗兵家常事，只要他光明正大，兄弟敗了自然心服。」

「那小子愛用殺手，一敗非死即傷。」

龍從雲沉吟不語，隨後又輕輕一嘆：

「我龍從雲白活了五十多歲，從來不找人比武；縱然人家找上門來，僥倖勝了人家，也從未傷人，那姓武的實在太好强好勝。」

「那小子的名字好像就是衝着你取的，你要特別小心。」姜元傑說。

「强中自有强中手，就算他能打敗我龍從雲，他也未必是天下第一？」

「我看他現在正做這個夢，以爲打敗了你他就是天下第一高手。」

「不知道他現在在什地方？」

「你想找他？」

「我不過是探聽一下。」

「那小子敗在你手下之後，一直就沒有拋頭露面。」

「如果他還在拋頭露面，憑他那幾套，老朽自信還可以應付得過去；要是眞的遇上高人，閉門再學三年，那就難說的很。」

姜元傑望望龍從雲，半天沒有作聲。忽然重重嘆口氣說：

「如果你也不是他的對手，那只好讓那小子稱王稱霸了！」

龍從雲懷着沉重的心情，和姜元傑分手之後，又在外面跑了一個多月，在八月中秋這天，和兄弟兒子先後到家。他問他們兩人探聽到武鎮龍的行踪沒有？他們都說毫無消息。

「爹，下次你要特別小心，武鎮龍手辣得很，在信陽打死了一個武師。」龍元甲說。

「我知道。」龍從雲說。「這次你們在外面沒有惹事吧？」

「沒有。」龍從雨和龍元甲同聲回答：「我們連姓名都沒有透露。」

「那很好，」龍從雲點點頭。「眞人不露相，我們習武的最忌强出頭。」

「爹，你打聽到什麼消息沒有？」龍元甲問。

龍從雲搖搖頭。龍從雨問：

「大哥，日子不多了，你到底打算怎麼應付？」

「到時候再說。」龍從雲回答。

日子過得很快，龍從雲在靜室裏過了一個多月，足不出戶。在武鎮龍要來的前五天，他突然把龍從雨龍元甲召到靜室裏去，鄭重宣佈：

「我決定成全武鎮龍天下第一的願望。」

他們兩人微微一怔。龍從雨問：

「大哥，你怎麼個成全法子？」

「你們放出空氣，說我死了就是。」龍從雲說。

「爹，那怎麼行？」龍元甲幾乎是哭着說。

「如果不是這樣，那我和武鎮龍兩人非死卽傷。」龍從雲說：「我不願意爲了一個『名』字，弄得兩人都沒有好下場。」

「大哥，這樣你不是太委屈了？」龍從雨說。

「我不受點委屈難道武鎮龍還肯受委屈？」

「爹，你好好的，我怎麼忍心說你死了？」龍元甲哭了起來。

「這有什麼關係，爹又不是眞死？」龍從雲笑着安慰兒子：「只怪爹早年有了點小名，所以才有現在這個大麻煩。」

「大哥，放空氣也要像那麼一回事，你好好的，突然放出這個空氣，誰人相信？」

「我已經一個多月足不出戶，你們就說我走火入魔，那武鎮龍雖然狡猾，他也會相信。」

「可是家裏不像有喪事的樣子，那怎麼瞞得過他的眼睛？」龍從雨說。

「一定要像那麼回事。今天夜晚你們幫我佈置。」龍從雲說出他的計劃。

一到深夜，龍從雲指揮他們兩人把那副早已替他準備的紅漆棺材，從閣樓上搬了下來，放在廳堂東邊，又搬了幾十塊大青磚放在棺材裏面，把蓋釘好。然後告訴他們放靈位掛輓聯的位置，要他們明天統統辦好。

「爹，我們要不要披麻戴孝？」龍元甲問。

「自然要！而且要哭！不然就不像那回事。」龍從雲板着臉說。

「大哥，那你怎麼辦？」龍從雨問。

「我藏在放棺材的小閣樓裏，從板壁縫裏我可以看到靈堂的情形。家裏的小孩子要全部瞞住，大人要守口如瓶，如若誰走漏半點消息，剝他的皮！」

他們叔侄兩人連忙說「是！」

第二天他們照龍從雲的指示把靈堂靈位佈置起來，大門上用白紙寫了「忌中」兩個大字。全家大小都趕做孝服。遇到親戚朋友來弔，龍從雨龍元甲他們都伏在靈前哀哭，眞像那麼囘事。

到期的前一天，武鎭龍就到了縣城，聽說龍從雲死了，他不相信。漏夜趕到九龍溝探聽。他潛近房屋，從窗縫中向廳堂窺看，看到一具紅漆棺材，棺材前面擺了一個靈位，靈位前面一燈如豆，牆壁上掛滿了輓聯。龍從雨龍元甲披蔴戴孝，坐在棺材旁邊守夜，垂頭喪氣。他看個淸楚明白，才悄然離開，囘到城裏。

第二天上午巳時，他挾着鐵傘，提着香燭錢紙，趕到龍家，龍從雨龍元甲看他準時到來，心中一驚；看他手上提着香燭錢紙，又不禁暗喜。龍從雨和龍元甲趨前迎接，龍從雨說：

「武朋友，家兄不幸去世，你來遲一步。」

「龍大俠得的什麼病？」武鎭龍望着龍從雨問。

「走火入魔。」龍從雨囘答。

武鎭龍沉吟了一下，臉上浮起一絲得意的笑容說：

「其實龍大俠不必緊張，何必白送了一條性命？小弟雖從師苦練三年，也未必勝得過他？」

「家兄知道武朋友武藝高强，不是對手，因此閉門苦線，想不到走火入魔……」

武鎮龍呵呵一笑。迅卽收歛笑容，親自點燃香燭錢紙，在靈前拜了三拜。隨後他繞着棺材走了一周，神情嚴肅，脚步沉重。

然後停在棺材旁邊，双手在棺蓋上拍了三下，邊拍邊說：

「龍大俠，龍大俠！可惜小弟來遲一步，白練三年，再也不能向你討教了！」

說完一旋身就竄了出去，龍從雨趕到門口大聲說：

「武朋友，家兄地下有知，也會感激你這番盛情。」

武鎮龍頭也不回，一陣輕烟似地走了。

龍從雨望着那迅速消失的人影，重重地吁了一口氣。他還沒有轉身，突然聽見龍元甲驚叫：

「三叔！地上的青石板碎了！」

龍從雨趕過來看，棺材周圍的青石板地，四分五裂。龍從雨大驚失色，抬頭對閣樓上說：

「大哥，你下來看看。」

「我早就看到了，你們怎麼到現在才發現？」龍從雲回答，一面下樓。

龍從雨、龍元甲滿面羞愧，不敢作聲。

龍從雲走過來，蹲下身去仔細檢查每一塊踩碎的青石板，大驚失色，立即吩龍從雨，龍元甲說：

「把棺材蓋揭開！」

叔侄兩人遵命把棺材蓋揭開一看，三人面面相覷，原來裏面的磚頭統統碎了。

「眞的士別三日，刮目相看。武鎭龍三年苦練，這身武功更了不得。」龍從雲說。

「大哥，姓武的未免心狠手辣！」

「老三，强中更有强中手，姓武的總有一天送掉性命。」

久香

一

烏蓬船緩緩落下烏蓬，靠在岸邊。

在大風大雪封江的日子，江邊一下子停了幾十條大烏蓬船也不算稀奇，因爲它們是停下來避雪避風的。然而這是秋末冬初的好天，微微的東北季風，天上舖着幾層薄薄的白雲，正是行船跑馬的季節。而現在離太陽沉落還有一段時間，上水船還沒有囘來，怎麽三條跑下水的大烏蓬船突然向岸上拋錨呢？

跳板放下之後，婦人孩子紛紛下來。一下來就是二三十人，孩子們高興得在沙灘上翻跟斗，豎蜻蜓，跟斗一翻就是十幾個，而且身子騰空，不像我們一翻過來就跌在地上像個癩蝦蟆。他們豎蜻蜓也和我們不同，我們要把兩隻脚靠在牆上才能豎起來，不然就立不住。他們不但立得住，而且能用兩隻手在沙灘上迅速地走路，不但男孩子如此，女孩子也是一樣，而且動作更靈巧。

隨後一陣馬嘶，幾隻漂亮的馬也從跳板上牽了下來，有黑的，有白的，有栗色的，都很高大，神氣十足。還有狗熊，猴子，狗。狗熊的頸子用鍊子鎖着，大人小心地牽在手裏。猴子坐在大人的肩上，高興地拍手，吱吱地叫，有一隻猴子騎在狗的背上，像人騎馬一樣。

我們一窩蜂地跑到江邊，圍着看。張大爹也在他們裏面，指手劃脚。我們問他這是幹什麼的？他笑着對我們說：

「玩把戲的！小鬼頭，過兩天有好戲看。」

我們高興地跳起來，但沒有那些玩把戲的孩子跳得高。

我們掏袋裏的花生拋給猴子吃，猴子一伸手就接住了，馬上連殼咬，很快地把殼拋掉，又伸手來接。

隨後又把花生分給那些孩子吃，那些孩子也和猴子一樣饞，搶着吃。他們跑慣了江湖，很快地便和我們混熟了，成了朋友。

「再翻幾個筋斗給我們看看？」我們請求。

於是有幾個孩子立刻翻了起來，翻得又好又快。他們看起來都不超過十歲，我們羨慕極了！可是一個大點的男孩還覺得不滿意，他笑着對一個梳着烏黑的長辮子，有一對閃亮的大眼睛，面孔又白又俏，和他差不多大的女孩子說：

「久香，妳翻幾個給他們看看。」

「你怎麼不翻，」她把兩隻大眼睛一翻說。

「我沒有妳翻得好。」男孩子說。

她啐了他一口，吃了最後一顆花生，然後把辮子往嘴裏一咬，身子向後一仰，就地倒翻起來，轉動得像風車一般快，我們都拍手叫好。

她翻完以後，把辮子放開，笑着對那男孩子說：『老八，你也豎個蜻蜓給他們看看？』

那個叫做老八的男孩子馬上兩手一拍，拍得很響，同時向掌心唾了一口，身子向下一栽，立刻豎了起來。

他先豎着不動，然後迅速地向前走，又迅速地向後退，像我們用脚走路一樣方便。

這時所有的帳幕家具都運上了岸，這麼多人馬家具，不知道他們住到什麼地方去？

「張大爹，他們住在那裏？」我們關心地問。

「嘿！我請是把他們請來了，還不曉得把他們安置到什麼地方去呢？」張大爹抓抓後腦殼一笑，然後又問我們：「安置在你們的家裏好不好？」

「好！」我們異口同聲地回答，我們眞高興有這樣的客人。

張大爹高興地一笑，摸摸我們的頭說：

「你們先回去和大人講好，他們沒有地方住就玩不成把戲給你們看，他們的把戲眞好，大爹在街上看了好幾天。」

於是我們又一窩蜂地跑回家，把這天大的新聞告訴自己的父母，硬逼着他們讓這些玩把戲的人住。

當張大爹帶着那個結實的江老板和漂亮的太太挨門挨戶拜訪時，已經水到渠成了，大人們都笑着對張大爹說：

「大爹，你眞害死人！他們本來貪玩，這一來更是放牛的不放牛，上學的也不上學了！」

張大爹哈哈一笑，然後大嘴一張說：

「你堂屋裏能住幾個人？」

「隨你派吧！大爹。就是不要給我們帶來臭蟲、蝨子。」

「嘿！」張大爹哈哈一笑：「就是帶來幾個富貴蟲又有什麼關係？保險有好把戲看癢也忘記抓了！」

張大爹就是這樣打着哈哈把幾十個人住的問題解決了。我家分派了七個，江久香和老八都在裏面。

他們把所有的門板都拿下來作臥舖，我們這幾家人只好夜不閉戶了。

馬都栓在柳樹下面，猴子栓在柳樹上，黑狗熊關進鐵籠子裏，帳幕放在外面。

一切安置好後，張大爹又帶着江老板夫婦去看場地，江邊上多的是大片大片青草地。又平整又乾淨，江老板夫婦看了非常滿意，決定明天就開始佈置。

江久香和老八因爲住在我家裏，自然和我非常接近，他們把骯髒的舖蓋舖好之後，便要我帶他們到附近玩玩。

「我們的馬戲團很少下鄉，你們這地方不壞。」江久香笑着對我說。

「漢戲班子常來，一搭起臺來就要唱一兩個月。」我說。

「不知道我們在你們這裏能演幾天？」她說。

「今年收成好，」我說：「只要你們的把戲好，說不定可以玩到過小年？」

「你看我們玩得怎樣？」她笑着問我。

「妳的跟斗翻得好，我們沒有人會。」我說。

「嘿！她好的還沒有亮出來哩！你慢慢看好了！」老八說。

「妳怎麼會這麼多玩藝？」我驚奇地問江久香。

「練的。」她說。

「我能不能練？」我笑着問她。

「你已經大了一點。」她望望我說：「我六歲就開始的。」

「好不好練？」

「你問他好了。」她向老八呶呶嘴。

「你挨不挨得起我爸爸的鞭子？」老八笑着問我。

「還作興打人？」我奇怪地問。

「我們都是打出來的。」久香說：「連狗熊，猴子，馬和狗都是他打出來的。」

聽她這麼說，我不禁看她一眼，她這樣嫩皮嫩肉，怎麼挨得起皮鞭？

老八走到一塊平坦的草地上，不自禁地翻了幾個跟斗，我笑着問他：

「你也覺得翻跟斗好玩？」

「我們要隨時練，不然就翻不好。」老八站起來說：「你們這裏草地多，正好練。」

久香把辮子往嘴裏一咬，豎起蜻蜓來，她把身子倒彎過來，但是不倒。

「妳的骨頭好像是軟的？」我對久香說。

她一個鯉魚挺身，站了起來，把辮子吐開，向我一笑：

「骨頭硬了怎麼練得出來？」

這時老八坐在草地上，把衣服解開，在腋下摸索，在衣縫裏尋尋覓覓，我見過叫化子坐在太陽底下捉蝨子，不禁奇怪地問他：

「怎麼？你身上有蝨子？」

「怎麼？你身上沒有？」他也奇怪地反問我。

「快別提了，我身上也癢了起來。」久香皺皺眉，在衣服上抓了幾下，指指背後對我說：「來，你替我抓抓。」

我不敢把手伸到她衣服裏面去抓，只在衣服外面替她搓了幾下。過後她向我一笑：

「你的手太輕，搓不死蝨子。」

眞想不到她這樣標緻的人會挨皮鞭，會生蝨子？

回家以後，對久香和老八生蝨子的事我隻字不提，生怕母親罵我。想不到母親却把我拉進房裏，用食指在我腦殼上一戳：

「你和張大爹眞該死！他們的富貴蟲都爬出來了，日生一千，夜生八百，將來不咬死你才怪！」

二

好玩的年輕人在張大爹的慫恿之下，一大清早就扛着長鍬，鋤頭，助江老板去佈置場地了。

久香老八他們這羣孩子，不會做那些事，便在草地上練功夫。久香老八除了自己翻跟斗，豎蜻蜓之外，也教我豎蜻蜓。他們兩人比我大一點，因此以哥哥和姐姐自居。

久香把我的雙脚提起，先靠在楊柳幹上，然後讓我單獨豎立。但我一離開倚靠，身體就倒了下去，她扶我幾次我還是不能單獨豎立，她氣得在我屁股上打了一巴掌：

「眞笨！要是我爸爸教你，早就兩鞭子抽下來了。」

她看我臉一紅，樣子很尷尬，又像個大人樣地用手摸摸我的頭說：

「這也難怪，你不是玩把戲的。」

「我能不能吃你們這碗飯？」我笑着問她。

她像個大人樣地看了我一眼，然後反問我：

「你在家裏安安穩穩地不好？爲什麼要吃江湖飯？」

「我覺得好玩？」我說。

「哼！」她把鼻子一聳：「你要是眞的吃上了這碗飯，就不覺得好玩了！你看我身上有多少瘢子？」

她把上衣鈕扣一解，臉一紅，又連忙扣上。

「久香，妳不練功儘在那裏瞎扯什麼？」突然，江老板娘子遠遠地望着她說。

「是！媽！」她膽怯地回答。馬上在地上翻起跟斗來。

隨後又兩腿張開，一前一後地坐在地上，又跳起來。這樣重複地練習，她的腿簡直柔若無骨，我連試都不敢試。
她看她母親不在門口，練了一會就站了起來，我笑着問她：
「這套功夫是誰教給妳的？」
「我媽。」她掠掠散亂的頭髮說。
「她也會？」
「她會的可多啦！」她向我一笑：「我們每一個人都會幾套，不然就別想混飯吃。」
我眞沒有想到吃飯有這麼難？
這時我母親站在門口向我招手，我連忙跑囘去，母親把我拉進房裏，責備我說：
「你正事不做，和那些玩把戲的孩子混在一起幹什麼？」
「看他們練功夫。」我說。
「他們髒死了，妳小心惹一身富貴蟲！」母親警告我說。
「久香不髒。」我故意這麼說：「妳看她不是漂漂亮亮？」
「好倒是個好孩子，」母親惋惜地說：「可惜投錯了胎，走錯了路。」
「爲什麼？」

「鷄窩裏還能出得了鳳凰？」母親望着我說：「將來還不是打流？」

「她那一身本事我們這裏的丫頭有那一個會？」我不服氣地說。

「你看，她將來不是給人家作小，一定是塡房，不會有好結果的。」母親自信地說。

我不知道母親根據那一條道理這樣看扁了久香？憑她那樣的人才還愁找不到一個如意的男人？只是我們這個地方沒有一個人配她，因此我頂撞母親說：

「媽，妳憑什麼看不起久香？」

「孩子，跑江湖的嘛！越是漂亮越有苦吃。」母親拖長着聲音說。

我不懂母親的哲學，我也沒有辦法駁她。不過目前久香的生活的確不算好，穿得很平常，而且很髒，身上有一股汗味；吃得也很差，昨天晚飯只有一樣大鍋菜，而且是獨一的蘿蔔菜，像叫化子一樣蹲在地上吃。

我爲了好奇，當他們吃早飯時我又跑去看。又是大鍋飯，大鍋菜，白菜豆腐煮在一塊，只有一點漂湯油。飯也不够吃，老八似乎沒有吃飽，他放下碗筷後又去刮鍋巴，飯胷，揉成糰，往嘴裏塞。

「妳吃飽沒有？」久香放下碗筷之後，我悄悄地問她。

「吃飽了。」她勉强地笑笑。

可是當我掏出一把花生給她，她十分感激地接過去了，同時向我一笑：
「你眞好！」
「我還有一大包。」我拍拍大口袋說。
她羨慕地望了我一眼，又問我：
「你不吃飯？」
「我不想吃飯。」我搖搖頭。新炒的花生又脆又香，怎麼會想吃飯？
「我總是想吃飯。」她向我一笑。
「你們的伙食總是這樣？」
「生意好的時候好一點，生意壞的時候還要差，有時在路上一頓只能啃一小塊大餅。」
聽她這樣說我又抓了一把花生給她，她又向我感激地一笑。
吃完以後，她快活地在地上翻了兩個跟斗，隨即站起來牽着我的手說：
「到我們場子那邊看看。」
場子距離這裏還不到兩百公尺，我們牽着手慢慢走過去。
「明天你來看我跑馬，我會好好地露幾手給你看看。」她笑着對我說：
「跑馬也有花樣？」我以爲那和騎牛一樣簡單。

「嘿！花樣多啦！」她兩脚輕鬆地一跳。

「妳先講給我聽聽好不好？」

「講的沒有做的好，看了才知道是怎麼囘事。」

「好不好玩？」

「比翻跟斗好玩得多。」

張大爹和江老板正指揮一二十個年輕人做工，他們都是志願的，幹得非常起勁，因爲張大爹准他們看白戲。

「你又不會做事，你來幹什麼？」張大爹笑着問我。

「我來看。」我說。

「今天看倒無所謂，明天就不許來了。」張大爹開玩笑地說。

「爲什麼？」我問。

「要錢！」張大爹說：「你有沒有十個銅板？」

「我一個也沒有，」我拍拍空口袋：「你不要我進來，久香會帶我進來。」

「嘿！想不到你和久香交上了朋友！」張大爹向我一笑：「她是江老板的搖錢樹，有她帶我就不攔。」

周圍的幕布圍好了，當中又高又大的柱子也豎了起來，江老板把一面綠布紅字的大旗子扯了上去，我抬頭一看，那幾個紅字是：

「江如海馬戲團。」

旗子在空中迎風招展，招展在十月的江邊。

三

久香打扮得非常漂亮，紅緞襖，黑緞褲，綢衣，黑直貢呢鞋，臉上還敷了胭脂水粉，嘴巴也塗得紅紅的，眞像一位小公主，我幾乎不敢正眼看她。

她看我顯得有點拘束陌生，拉着我的手說：

「你等會一定要去看我表演？」

我望了她一眼，奇怪地問她：

「妳爲什麼要這樣打扮？」

「我們吃了這碗飯，表演時總不能穿得像個叫化子？」她向我一笑，說話完全像大人的口氣。

「誰給妳打扮的？」

「我媽。」

「平時她怎麼不讓妳穿好一點？」

「平時要練功，不能穿好的。」她說，隨後又輕輕一嘆：「再說，也沒有那麼多好的穿，這也是爲了搶眼，賺錢。」

她的年齡雖然大不了我多少，但懂的事却比我多得多。聽她的口氣，賺錢好像是一件困難的事？既然賺錢困難，我怎麼好意思看白戲呢？因此我把我的意思告訴她，她聽了一笑：

「也不在乎你一個人啦！何況我們住在你家裏，要是在城裏住客棧，還不是要一大筆開銷？」

我完全不知道這些事，因爲我們什麼都不花錢。

她看我不作聲，又叮囑我說：

「你一定要去，要不就和我一道進去。」

我不想和她一道進去，我覺得我不配和她走在一塊。

「妳先去，我等會再來。」我說。

她笑着離開我，和她母親及許多孩子一道走了。

她母親把他們這些女孩子打扮得像花蝴蝶，男孩子也穿了漂亮的表演衣服，所有的人都煥然一新，不像剛到時那副叫化子模樣。

場子裏面擠滿了人，進口處放了一個大錢櫃子，把十個大銅板往錢櫃裏一塞，就可以進去。張大爹和馬戲團的兩個人站在進口處照料，不交十個大銅板的就不准進去。

張大爹看我來了，故意把兩手一張，站在門口攔住我，弄得我非常尷尬，那個馬戲團的人也存心看笑話，不理不睬。幸好久香伸出頭來在門口張望了一下，她一看見我，就擠過來伸手把我一拉，拉了進去，張大爹哈哈大笑起來。

「我說你怎麼還不來？想不到你眞的被他擋住了！」久香望着我說。

我又羞又惱，氣憤地說：

「明天他再擋我，我就糊他一臉爛泥！」

她聽了一笑，在我耳邊輕輕地說。

「明天和我一道進來。」

這時有人向她招手，她便匆匆地跑了過去，我也擠在一塊草地前面坐下。

節目一個個地進行，有舞火球，氣功表演，疊羅漢，上天臺，跳火圈，空中飛人……都很精彩驚險，是我從來沒有看過的。

在那許多節目中，久香只表演了一個節目：舞碟子。她手上的棍子彷彿有吸力似的，碟子在棍子上前後左右舞動，都不會掉下地來。她玩了很多花樣，身子像蛇一般地扭來扭去，碟子在棍上迅速旋轉，有幾次看着要掉下來，急得我手心出汗，她却若無其事。最後她把一根棍子向上一頂，碟子騰空飛起，當它跌落下來的時候，她伸手一接，碟子就落在她的手上，然後向觀衆一鞠躬，大辮子向前一擺，觀衆馬上鼓起掌來。她身子一旋，迅速地溜到後面去了。

過了一會，從幕布的另一個入口處，牽進了五匹漂亮的馬，牠們的頭上都紮了彩，結成蝴蝶結，像小姑娘一樣打扮起來。第一匹白馬就是久香牽着，其餘四匹是由四個比她大些的女孩子牽着，她們都穿着一色的綠緞襖，因此久香的紅緞襖看起來格外惹眼。

馬魚貫進來之後，繞場一周，站在場子中間的江如海，突然舉起手中的皮鞭，在空中抽了一下，啪的一聲，五匹馬立刻小跑起來，她們五個女孩子同時縱身一躍，上了五匹沒有鞍子的馬背，動作迅速整齊，觀衆馬上鼓掌叫好。

她們上馬不久，雙手在馬背上一按，身子一騰，站了起來，隨後便來一個大鵬展翅，金鷄獨立，眞的好看極了。尤其是久香，眞像一個紅羽毛的錦鷄，而所有這些動作，也是由她領先作起的。

作完了金鷄獨立，又來一個倒豎蜻蜓，五個女孩子眞像五隻翹起尾巴的蜻蜓，而久香又是我最喜歡的紅蜻蜓。

當久香再從我面前經過時，她發現了我，向我一笑，非常開心。

隨後她們緊緊馬的肚帶，把一個籐的圓圈扣在自己的脚上。我不知道這根帆布肚帶和軟籐圓圈有什麼用處？她騎馬根本用不着任何東西幫助的。

突然，江如海把長皮鞭在空中用力抽了幾下，「啪！啪！啪！」響了起來，又淸又脆，五匹馬聞聲立刻奔跑起來，皮鞭最後的響聲一落，久香紅影一閃，翻下馬背，把背脊平貼在馬身上，兩臂張開，隨馬奔跑。其餘四個女孩子也幾乎是同時作好了這個動作，觀衆掌聲如雷。

這樣連續作了三次，馬才停止奔跑，她們也輕輕躍下馬背，如一片片落葉，悄然無聲。她們向觀衆童子拜觀音地行了一個禮，才把馬牽出去，上午的節目隨即結束。

很多觀衆都捨不得離開，我更捨不得走，我作夢也沒有想到久香會有這麼大的本事。

我一個人坐在草地上如癡如呆時，久香突然走了過來，我完全沒有發覺，她站在我背後嗤的一笑：

「你一個人在這裏呆頭呆腦想什麼？」

我想站起來，她伸手在我肩上一按，遞給我兩個包子，在我身邊坐了下來。

「久香，妳怎麼有這麼大的本事？」我笑着問。

「還不是練出來的？」她也向我一笑，過後又問我：「你看得過不過癮？」

我點點頭，她顯得非常高興，又拍拍我說：

「不要走，下午我還有一個節目。」

「什麼節目？」我連忙問。

「我要爬到那上面去表演。」她指指那根最高的旗桿說。

「那怎麼行？那會摔死！」我望望那四五丈高的旗桿着急地說。

「我已經表演過幾次，」她望着我說：「希望觀音娘娘保佑。」

「那太危險，我母親連樹都不准我爬。」

「有什麼辦法？」她的臉色突然黯淡了：「他們要靠這個賺錢。」

「玩點別的不好嗎？」我說：「沒有危險的。」

「沒有危險就賺不到錢，本來玩把戲就是玩命嘛！」她望着我說。

我沒有作聲，她使我懂得許多從來沒有想到的事情。

她站起來拍拍我的肩：

「記住，不要走，等着看我表演。」

我點點頭，她高興地離開了。

可是等下午的觀衆進場之後，我便悄悄地退了出來。我不敢看那危險的把戲，我生怕她從旗桿頂上摔下來，那會摔成一團肉醬。
　　雖然我退出了馬戲場，心裏總是忐忑不安，忍不住不時跑到大門口望望，旗桿很高，又沒有遮攔，我在大門口仍然望得見。
　　太陽快下山時，我又跑到大門口張望，一眼就望見久香在旗竿頂上，雖然我看不淸她的動作，但她那身紅緞襖，經夕陽的餘暉一照，更像血般地殷紅，格外鮮艷奪目。突然我頭腦裏出現了一個幻想，我以爲那是一灘鮮血，我不敢再看，連忙躱進屋裏去。
　　不久散場了，我聽見大家議論紛紛地從我門口走過。
　　「幸好她手快，一下抓住了旗桿，不然眞要粉身碎骨。」
　　「你們眞是瞎操心，說不定是那小姑娘故意露一手，人家吃這行飯是幹什麼的？」
　　究竟是怎麼囘事？我也猜不透，直到天黑時久香囘來，生氣地問我：
　　「下午你沒有看我表演？」
　　我囁嚅了半天才輕輕地說：
　　「我不敢看，怕妳摔下來。」
　　「你要是在場，我或者表演得更好，當我發現你不在場，我心裏一冷，眞的差點摔死！」
　　啊！原來是這囘事！我感到非常抱歉，囁嚅地對她說：

「久香，我眞對不起妳！」

「別說廢話吧！明天去不去看？」她盯着我說。

「去！去！去！」我連忙點頭。

她看我呆頭呆腦的樣子又噗哧一笑。

四

他們寶座的情形一天比一天好，遠遠近近的人都趕來看，甚至街上的人也趕來看。這眞是從來沒有的現象。

他們連演了一個多月，直到一場大雪飄了下來，而且一連下了四五天，江老板才宣佈結束。

久香和我相處一個多月，我們的感情很好，在這期間，她終於教會了我倒豎蜻蜓，但只能立一會兒，而且兩手不能移動，一動就會倒下來。

久香不但和我很好，也贏得了所有孩子的羨慕和尊敬。但她以老江湖的態度對待他們，有時候還會開開他們的玩笑。

有一次，一個十五六歲的放牛孩子被她的脚一挑，摔倒了。這放牛的孩子是出名的痞子，很有點力氣，爬起來嬉皮笑臉地從背後把她攔腰一抱，嘴在她臉上不規矩起來，同時調戲她說：

「我的乖乖，妳好厲害？」

她氣得臉一紅，猛一彎腰，把背一弓，他便栽了下來，兩脚朝天，腦殼着地，她朝他臉上重重地唾了一口。

他栽得七葷八素，過了一會才爬起來，望了她一眼，悻悻地離開。走了十幾步，突然回過頭來，朝地上唾了一口，狠狠地駡她：

「婊子養的，小老婆養的，長大了不是當娼，定是作妾，有什麼了不得？老子嗅嗅妳，妳又沒有少掉一塊肉！……」

他的話越駡越粗，她耳根脖子都氣紅了，脚一頓，牙一咬，追了上去。

他掉頭就跑，他比她高大許多，腿子又長，距離又那麼遠，我以爲她一定追不到，那男孩子起初也不跑得怎麼快。想不到她像疾風捲着殘葉，沒有多久就追上了，她朝他背上打了一拳，打得他往前一仆，跌了好幾尺遠，她把他踢得翻過來，一手抓住他的胸襟，一手在他臉上劈劈啪啪一陣猛摑，等我趕到時，他已經滿臉鼻血。我把她拉開，她又「呸！呸！呸！」地吐了他一臉口水。

「你才是婊子養的！小老婆養的！看我打不打死你？」她雙手叉腰狠狠地駡他：「你不撒泡尿照照你那個熊相？你也想佔你祖奶奶的便宜？」

他被打得暈頭暈腦，狼狽不堪，不敢回嘴。這頓教訓已經足够，我怕她再打他，連忙把她拉走。

「妳怎麼生這麼大的氣？」走了一段路我這樣問她。

「你不知道他駡的多毒？」她猶有餘憤地說：「我們女孩子最怕走那條路！」

「妳不會！妳不會！」我大聲地說，我也不知道我根據那一點？

「會的！」她突然眼圈一紅：「我們的大姐二姐就是賣給濶佬作妾的！我們跑江湖玩把戲的多半是這樣的下場。」

「妳父母怎麼忍心？」

「我們本來就是買來的，不是他們身上落下來的肉！」

說着，說着，她竟伏在我肩上哭了起來。我簡直慌了手脚，不知道怎樣才好？最後還是她自己把頭抬起來，用手擦擦眼淚說：

「你風不吹，雨不打，你不懂這些。」

我茫然地望着她，的確我不懂這些事，我也不知道她怎麼懂得總比我多？難道女孩子眞的是仙女下凡，男孩子都是泥巴揉成的笨蛋？

她看我呆呆地望着她，又有點後悔地說：

「我不該和你講這些話。」

隨後她又把我一拉：

「走，我們到江邊去檢貝殼。」

她牽着我的手，我們一道走到江邊。

冬天的江水很淺，露出一大片沙灘，有的貝殼完全露在沙上，有的貝殼埋了一半在沙裏。

她檢到好的都送給我，我問她爲什麼不自己留着，她說：

「我天天跑碼頭，怎麼能留這些東西？」

她不能留，我也不想多檢，於是我們脫掉鞋子在沙灘上踩脚印子。

我的脚比她的大，她總愛把她的脚踩在我的脚印子上，然後笑着對我說：

「我要是能留在你家裏多好？」

「我家裏有什麼好？」我率直地說，我實在感覺不出我的家好在那裏？

她看我呆頭呆腦的樣子不禁一笑，用左手的食指在我腦殼上一戳：

「你這個傻瓜！」

一個雪後的晴天，「江如海馬戲團」終於和我們告別。吃過早飯後，江如海夫婦就忙着向我們幾家道謝，久香老八他們也忙着收拾零碎的東西。久香乘着沒有人在的時候把一件東西向我手裏一塞，我一看是一隻綠耳墜子，這是她表演時戴的。

「妳不要？」我奇怪地問。

「我還有一隻。」她說。

「妳表演時少了一隻怎麼辦？」

「我就說丟了，媽會再買的。」

「那我拿什麼東西送妳？」我想想實在沒有什麼東西好送她。

「不要你送東西，只要你記住我就行。」她向我一笑。

我點點頭，她非常高興，突然在我臉上親了一下，我又驚又喜地望着她。

「你怎麼這樣傻頭傻腦？」她看着我好笑。

我這才想起問她：

「這次妳到什麼地方去？」

「我也不知道，」她茫然地搖搖頭：「反正到處跑。」

「那我以後碰不碰得到妳？」

「那就要看我們的緣份了？」她大人似地說。

我幫着她把零碎的東西搬上船，張大爹和附近的老老少少都把他們送到江邊，他們走的時候比來的時候熱鬧。

馬在船頭上引頸長嘶，猴子跳來跳去，他們站在船頭上向岸上的人揮手。

久香靠着桅桿，呆呆地望着我，我緊緊地握着口袋裏的綠耳墜子。

三條大烏蓬船，扯起滿帆，順着東北風開走了。

「嗨！小鬼頭！你吊上了江老板的搖錢樹呀！」

張大爹蒲扇般的大巴掌突然在我頭頂上一拍，我嚇了一跳，兩顆眼淚震了下來，像兩粒水晶珠子滾進沙土。

五

十年後，我也成了個跑江湖的了。

不過我不會耍把戲，連久香教我的倒豎蜻蜓也豎不起來了。但我學會了打槍，穿上草黃土布軍服。

當我從戰區調到重慶時，有一天在兩路口碰見了老八。

老八還是那麼黑皮黑臉，却長得比我還高大。我認識他，他幾乎不認識我，經我說明之後，他高興得跳了起來。

「怎麼？你到重慶來要把戲了？」我笑着問他。

「唉！天天躲報警，要不成了！」他嘆了一口氣。

「你們的馬戲團呢？」

「唉！」他又嘆了一口氣：「走的走了，嫁的嫁了，垮啦！」

「你現在幹什麼？」

「在久香的公館裏打雜。」

「久香嫁了？」我驚奇地問，我以爲她還是一個梳着一條大辮子的小姑娘呢。

「你怎麼啦？」老八看我有點驚奇，不禁咧着大嘴一笑：「你都長得這麼高這麼大了，她還能當老閨女？」

我不怪他，因爲他不知道我和久香的那段微妙情感。

我不想和他站在馬路上窮聊，把他請到附近的茶館裏，泡了兩蓋盌茶，買了一些瓜子花生，慢慢地擺龍門陣。

「聽你的口氣，久香好像嫁得不壞？」我說。

「本來嘛！她已是官太太了。」老八得意地說。

「她丈夫是什麼官？」我笑着問。

「嘿！」老八把大腿一拍：「大得很，軍長！」

不錯，這個官兒的確不小，我也許一輩子幹不到。但我有點奇怪，她怎麼能高攀上去？因此我問：

「她是怎麼攀上的？」

「嘿！」他又把大腿一拍，「才不是她高攀呢，是劉軍長化了一萬塊龍洋，才娶過去的。」

「久香要錢？」

「不是她要。」他搖搖頭。

「誰要？」

「兩位老人家嘛！」

「那不是賣？」

「唉，有什麼辦法？」他向我苦笑：「馬戲團散了，兩位老人家要吃飯哪！」

「久香願意？」

「不願意又有什麼法子？她總不能看着兩老餓飯？哈！再說，無論她怎樣會翻跟斗，也翻不過劉軍長的手槍啦！」

「她嫁過去是大是小？」

「小，」他輕輕地說。

我幾乎跳了起來！想不到她眞沒出我母親所料，也應了那個放牛孩子的毒罵，而這又是她所最不願意走的一條路，她居然身不由己地走上了！

「其實作小又有什麼關係？」老八向我解釋，渾然一笑：「她吃不了，穿不了，軍長又把她當作小寶貝，日子過得眞愜意。」

「老八，你不了解久香。」我輕輕嘆口氣。

「我和她一塊兒長大，她有幾根毛我都知道！」老八說溜了嘴，臉一紅，又自打圓場地傻笑，潤一潤嗓門說：「我怎麼不了解她？」

「你只了解她的外表，並不了解她的內心。」

「我又不能把她的心挖出來，那怎麼了解？」他反問我。

我知道老八是個渾人，就不再和他談這個問題。了解久香的現狀之後，我更關心她，我急於想見她一面，我把這個意思告訴老八，老八在大腿上一拍：

「唉！她也眞想見你！你不知道，自從離開你府上之後，她總是同我談起你，她不會寫信，不然一定有信給你，請你不要見怪。」

「我不會怪她。」我搖搖頭。

「其實我和她都應該寫信向府上道謝的。說你也不會相信，久香嫁給劉軍長那天，她還想起你哩！」

我越聽越難受，老八眞是個渾人，他一點也沒有覺察出來，還一股腦兒講下去，我不得不截住他：

「好吧！你看什麼時候我和她見面好？」

他想了一下，然後頭一抬：

「明天，就是明天好了！」

於是，我們約好時間地點，分道揚鑣。

第二天，我因爲有事躭擱，到達時遲了十幾分鐘，我一掀起門簾，就發現老八和一位衣飾華貴的少婦坐在小房間裏。她燙了頭髮，帶着兩粒花生米大小的金耳墜子。一般婦女很少這般打扮，那能像她這麼艷光照人。我明知道那是久香，但我幾乎不敢相認。

「嘿！我還以爲你不會來哩！」老八站起來迎着我說。

「我有事躭擱了一下，怎麼會不來？」我望着他們兩人說。

「噢！你長得這麼高了？我差點不認識你啦！」久香連忙站起來握着我的手說。

她把我拉到她身邊坐下，又叫茶房過來點菜，茶房鞠躬如也，把她當做皇后一般看待。她點了很多菜，我們三人吃不了，此時此地實在有點奢侈，一盤海參就够我兩個月的伙食費。

吃過飯後，她對老八說：

「你先回去，我有幾句私話和他談談。」

老八走後，我笑着對她說：

「這是戰時，妳何必這樣破費？」

「他有的是錢，這不過幾錢煙土，我何必替他吝惜？」她滿不在乎地說。

我知道川軍還偷偷地做那種買賣，劉軍長又是數一數二的軍閥，我也懶得再窮酸。

她看我不作聲，又自我解嘲地說：

「你或者會奇怪吧，我竟然作了人家的九姨太！」

她的話使我一怔，我眞沒有想到她是第九房？「十年不見，怎麼又發起呆來？」她望着我一笑：

「我問你，你現在什麼階級？」

「中尉。」我羞慚地回答。

「那我要他派你一個少校副官好了！」她好意地說。

「我不會侍候人，我不是那塊料。」我坦白地說。

「幹別的也可以，反正包你連升兩級。」她輕鬆地說：「你不要見笑，連老八也是個中尉副官哩！」

我不但笑了，而且笑出聲來，這證實了我過去聽過的有關韓復榘的兩句笑話：「識字的當參謀，不識字的當副官。」

「不要傻笑，」她用纖纖的手推推我：「你到底想不想升官？」

「不想。」我笑着回答，我正牌子不幹，去幹那種雜牌子？

她望着我嘆口氣，感傷地說：

「那我們這次不是白白地見了面？你為什麼不早點來？」

「世間的事難料的很，我又怎麼知道妳在重慶？」這兩年來我確實懂得了不少世故，長了不少見識，漸漸地了解世事無常，更了解自己的處境。停了一會我又接着說：「就是早來了我也拿不出一萬龍洋。」

「你一個子兒也不要花，我會跟你跑。」她認眞地說。

「我不願意幹偷鷄摸狗的事。」

她又望着我嘆氣，過後突然站起來把我一拉：

「走，我帶你去量套衣服，你看你穿得像個叫化子？」

我對她的話並不生氣，反而覺得格外親切，但我對她的好意還是婉謝了。

「你既不肯當副官，又不能做煙土生意，一個清湯寡水的中尉，那來的錢？難怪你窮得這個樣子！」她邊拉着我邊說。

走出門來，她坐上自己專用的黃包車，又不由分說地替我叫了一部，一直拉到一家大服裝店，逼着我量了一套華達呢軍服，先付錢，然後把取貨單往我口袋裏一塞，弄得我癡癡呆呆和她一道走出服裝店，她又輕輕地罵了我一聲：「傻瓜。」

六

在重慶三個多月期間，由於久香的熱情款待，我的生活過得非常愜意，我們的感情也發展到難捨難分。

在離開重慶前幾天，我爲分發的問題感到非常苦惱。不論是回到原單位，或是分發到別的地方，我和久香勢必分離。這一別又不知道那年那月才能見面，我實在不願離開重慶。

久香更不願意我離開重慶，他再三要求我跟劉軍長當副官，我不禁心動。

「劉軍長會用我嗎？」我問。

「只要我一句話。」她自負地回答。

「妳介紹我給他當副官，他不會懷疑？」

「我會說你是我的表弟。」

「他會相信？」

「難道他還會查我們的家譜？」她反問我一句。不等我回答又接着說：「只要我們自己不露出馬脚就行。」

「那妳就試試看吧？」我以爲她不會成功，抱着騎驢子看唱本的心理讓她試試。想不到當天晚飯後她就打發老八來找我，老八高興地說：

「久香的話靈得很，軍長要你去見見他。」

「就這樣去行嗎？」我說不出我內心是興奮還是羞愧？我似乎有點迷惘，我指指身上的土布軍服問老八。我不想換久香替我做的那套華達呢。

「行！」老八點點頭：「軍長就是不歡喜我們副官穿得像個花花公子。」

「見了軍長應該怎麼說話？」我又問老八。我聽說他是個不大好惹和不容易服侍的人物，雖然讀書不多，却很工於心計，又有一些怪癖，我怕碰了虎鬚。

「他很會說話，但是只准我們說一個字：『是！』他對你說不定會特別優待，你多說兩個字大概沒有什麼關係？」

「多說兩個字會不會出毛病？」

「這很難說。」老八顯得有點爲難：「你要看他的顏色，他高興你就拍拍他的馬屁，不高興你就不要吭氣。」

「我又不是他肚子裏的蛔蟲，我怎麼知道他高興不高興？」我也有點困惑。

「當副官就要有這本領。不要急，慢慢地你就會摸清他的脾氣。」老八拍拍我的肩膀。隨後又鄭重地對我說：「不過他對你發脾氣時你倒不必害怕，他對你笑時你倒要特別當心！」

「老八，你越說我越糊塗了！」照老八那樣說，劉軍長簡直是個丈二金剛，使我摸不着頭腦。

「你不明白這個道理？」老八望望我。

我搖搖頭。

「告訴你，」老八又拍拍我的肩：「他拍桌子罵你龜兒子，那是愛護你，沒有關係；他要是望着你笑，又不笑出聲音，那就不懷好意。」

「老八，你回去吧！我不去了！」我最怕同這種人打交道，調轉頭就走。

老八雙手把我拉住，責備地說：

「你這是怎麼搞的？你知道久香費了多少心思？怎麼可以不去？」

「老八，你告訴久香，我實在不是那塊料。」我掙扎着，但是沒有用，老八的力氣大得很，那兩隻手像兩隻鐵箍，使我無法動彈。

「我的哥，你自己當面對她講吧，俺老八綁票也得把你綁去。」老八向我一笑，隨手一拖，我的脚跟就立不住，人像風車一樣跟着他走。

我心裏憋着一股悶氣，不再作聲，老八忽然對我說：

「你等會見了久香，一定要親親熱熱地叫她一聲表姐，不要露出馬脚。」

「老八，根本不是那回事，我怎麼叫得出口？」我向老八苦笑。

「這是你們自己的事，你應該學會演戲，你看那些演文明戲的演得多像？」

老八這個渾人居然會講這樣的話？我也不禁失笑。

劉軍長藏嬌的金屋是嘉陵江畔的一座別墅，離重慶市區有幾里路，綠蔭掩映，花木扶疏，環境幽靜，景色宜人。我眞沒想到是這種好地方？

院子門口站了一個衞兵，看見老八和我一道，笑着向我敬了一個禮，讓我們進來。

久香在窗口望見我，連忙跑出來，親親熱熱地叫了我一聲「表弟」，我臉上一發熱，她馬上以目示意，我只好強自鎭靜下來。

她把我帶進會客室坐下，老八替我倒了一杯茶，就退了出去。她顯得非常高興，對我上上下下打量了一番，輕輕地說：

「你怎麼不換套衣服？」

「老八說這樣就行。」我說。

「你不能像老八那樣窩囊，以後穿好一點。」

「會不會犯忌諱？」

聽我這樣說，她兩眼轉動了幾下，望着我沒有作聲。過了一會，她站起來輕輕地對我說：

「你坐一會，我去請他。」

我點點頭，她又輕輕地說：

「不要怕，沒有什麼了不起。」

來重慶以後，大官我見了不少，膽量自然大些，她叫我不要怕，更有一點壯膽的作用。

不久，她和一位中等身材，濃眉大眼，嘴上蓄了一撮仁丹鬍鬚，馬臉，五十多歲，穿着便衣的人走了進來。我馬上起立，他盯着我看了一會，我立正站着，沒有作聲。久香替我們作了一個介紹，他隨便點了一下頭，逕自坐下，久香坐在他的旁邊。

他不叫我坐我不敢坐，久香望了他一眼，他才對我說了一聲：

「你坐吧。」

隨即點燃一支煙，逕自抽起來。久香搭訕地說：

「表弟，軍長需要一個少校副官，我特別推薦你，軍長已經同意提拔你，你自己的意思怎樣？」

「謝謝軍長的好意，不知道我幹不幹得下來？」

「你會不會打報告，寫八行書？」劉軍長望着我說，又把紙煙一彈：「龜兒子！我這些副官都只能跑腿，沒有一個提得起筆！」

打報告是我們的家常便飯，沒有困難；秋水軒尺牘我大半能背，普通八行書自信也可以應付，因此我大膽回答：

「這倒沒有什麼問題。」

「好，」他點點頭。「那就一言爲定，明天我對你們的教育長講一聲，把你調過來。」

他打了一個呵欠，站起來就走。我要走一段路，也起立告辭。

久香把我送到門口，她顯得很高興，似乎有很多話要講，但終於忍住了，以一個非常甜美的笑和我告別。

我回來不久，剛好輪到我個別談話，大隊長問我願意分發到那一個戰區？那一個部隊，我告訴他，他聽了有點驚奇。

「這倒奇怪了！以前我們分發同學給他，他總是千方百計拒絕，所以最近幾期我們就沒有考慮他那個部隊。你和他有什麼淵源？他居然會要你去？」

我把我和久香的表姐弟關係講了出來，大隊長哦了一聲，然後愉快地說：

「這樣也好，你先去開路，以後再分發別的同學也許比較好辦？」

就這樣，我成了劉軍長的副官，而且連升兩級。

七

劉軍長有多少副官？我不淸楚，除了老八和我之外，和我經常見面的還有一位王副官。一個精明、世故、圓滑的上尉，大約二十七八歲，西瓜大的字認不到一籮筐，可是嘴巴會講得很。四川人口才本來好，王副官的口才尤其好，像貌也長得不壞。聽說他是軍長的親戚，軍長去那裏他跟到那裏。

軍長並不天天住在豪園，一個月大約住十天。他在豪園的時候，要我替他寫寫應酬信，打打對上級的報告，或者要我替他向上級有關單位接洽一兩件比較碍手的公事。此外就是陪他擺擺龍門陣，講講三國和西遊記。不過他大部份時間都是和久香度過。他在豪園時，久香很少有機會和我接近。

他一走，王副官也跟着走了，只留下那個姓劉的衞兵。

他走後我就沒有一點事，久香自然更沒有事，老八除了弄飯以外，也沒有什麼事。因此我們三人總是在一塊聊天，我乘機教他們認認字，不然我們三人就一道翻下峭壁，到嘉陵江邊去玩。

老八已經完全明白久香對我的心意，每逢我們到江邊去玩時，他往往故意留在家裏。和衛兵窮聊。他和衛兵處得很好，衛兵知道他很有幾手，常常向他討教討教。

從豪園到嘉陵江邊本來有一條小徑，但是要彎一段路。久香不願拐彎抹角走那條佈滿荆棘的羊腸小徑，她總是攀着崖石邊上那棵大榕樹上的籐蘿，縱身飛躍下去，她的身手仍然十分矯捷。

「久香，十年不見妳表演，想不到妳還有這副好身手？」我第一次看見她飛躍下去之後，不禁讚美地說。

「離開你們家鄉之後，我又練了好幾樣玩藝，」她面不改色地說：「可惜現在不能演給你看。」

「剛才你這一手也就很了不起。」

「要是有你們江邊那樣好的草地，我會在空中打幾個跟斗再落地。」她意猶未足地說。

「妳現在不能那麼作。」我想到她的身體，我怕她有孩子。

「爲什麼？」她偏着頭問我。

「妳不怕小產？」

她嗤的一笑，毫不掩飾地對我說：

「老頭子酒色過度，我根本用不着担那窮心事。」

她深深地看了我一眼，我望望江上的木船，江水很淺，江中巨石嶙峋，縴夫正艱難地拉着。

她看我沒有看她，幽幽地嘆口氣：

「這樣也好，省得造孽。」

我裝作沒有聽見，選了一塊巨石坐下，她也在我身邊坐下。

縴夫拉了半天，船才移動幾十公尺。她撿起一塊石子，向江中一拋，如怨如訴地說：

「我很想念你門口的草地沙灘，要是當年我不離開多好？」

她這一提也勾起我的鄉思，離家以後我再也沒有看見那麼好的草地沙灘。嘉陵江不及我門口的長江十分之一寬，江邊多是亂石，難得有一塊平坦的沙灘，更沒有如茵的草地。

她看我沒有作聲，突然想起什麼似的問我：

「我送你的耳墜子你有沒有丟掉？」

我搖搖頭。她那隻綠耳墜子沒有任何人知道，我一直秘密地保存着，現在還留在我的行囊裏，我也一直沒有告訴她。

她欣慰地一笑。

秋風拂亂了她的頭髮，她隨手掠了一下，望着我說：

「記得初到你家鄉好像也是這個時候？」

「對，妳一到就翻跟斗。」我彷彿回到了童年，笑着回答。

「要不要我再翻幾個給你看看？」她笑着問我。

木船已經轉了彎，江上無船，江邊無人，江水在大鵝卵石上緩緩流過。我眞希望看她再翻幾個跟斗，但我們身邊沒有沙灘，幾十公尺遠的地方才有一塊寬長不及兩丈的黃沙灘，不像我家鄉的那麼寬，那麼平整。

她看我不作聲，馬上拉着我的手向那塊沙灘跑去。她穿的是短褂長褲，平底布鞋，跑起來輕快得很，遇着大石便一躍而過。

跑近這塊小沙灘，我忽然想起她的身份和年齡，突然感到一陣悲愴，我拉住她說：

「久香，妳現在不再是小孩子了，別再翻那玩藝吧？」

「怎麼？你以爲我翻不動了？」她好强地望着我。

「不是那個意思，」我搖搖頭。「妳現在是官太太，不能失身份了。」

「什麼官太太？」她輕輕地白我一眼：「在你面前我還擺什麼臭架子？」

她掙脫我的手，走到沙灘，雙脚一併，深深地吸了一口氣，突然頭向後一仰，雙脚向上一掀，人就像風車樣地倒轉起來，翻了六七個跟斗，忽然在我面前站住，微微喘着氣，搖頭一笑：

「好久沒練，不行了。」

「我叫妳不要翻，妳何必費這麼大的勁？」我握着她的手說。

「要是別人！出一萬兩黃金，我也不會翻給他看。」

她說得那麼自然，眞誠、坦率，我心裏不知怎樣會有一陣酸楚？我呆呆地望着她，沒有作聲，她搖搖頭對我說：

「你怎麼又呆頭呆腦？」

我怕被衛兵望見，一句話不說，轉身就走。她跟着我沿着峭壁過來，我指指那根懸空的藤蘿對她說：

「上去吧，我們已經玩了不少時間了。」

「多玩一下怕什麼？老頭子又不在家。」她的身子輕輕一扭。

「他的眼睛可沒有帶走。」我說。

「那個傻瓜蛋以爲我們眞是表姐弟，他不會多心的。」

「最好我們自己檢點一下，不要露出馬脚。」

「你怎麼像膽小的耗子？」她輕輕白我一眼。

「我希望陪妳平平安安地度過一段日子，不要出事。」

「你眞的這樣想嗎？」她盯着我說。

「事實如此，我還能存什麼非份之想？」

「那你在這裏不是白白受了委屈。」

「和妳在一塊我會感到快樂，這點委屈我能忍受下去。」

「你看那老頭子和我親熱，你不妬嫉？」她兩眼灼灼地望着我。

我像突然挨了一棒，被她打得金星亂迸，我心裏的確有種妬嫉的感覺，但被理智强壓下去。她的話使我熱血沸騰，我眞想抓住她的頭髮揍她一頓，但我終於嚥嚥口水，冷靜下來。

「我沒有這個權利。」

「我想不到你是個窩囊廢！」她滾出兩顆熱淚，隨即縱身一躍，抓住藤蘿，迅速地攀升上去，比她爬那光光的旗桿更快。

我心痛如絞，坐在峭壁下望着嗚咽的嘉陵江水直想哭。

「表弟，表弟！」我突然聽見她親切地叫我。

我抬頭一望，她正站在峭壁上的大榕樹下向我招手。

「上來，上來！」她不斷向我招手。

我鼓起勇氣，抓住藤蘿，也學她一樣攀升上去。

「不要生氣，剛才我失言了。」望了衛兵一眼，她輕輕地對我說。

八

由於我的八行書和報告寫得還不算丟人，再加上交辦的幾件碍手的事我都順利完成，我的頂頭上司對我還算信任器重。我從他的詞色中看得出來，久香也高興地告訴過我。

「老頭子對你很滿意，他說你是秘書副官兩門抱。」

連王副官對我也格外好。一天他拖我上一間大菜館，使我受寵若驚。酒酣耳熱之際，他突然對我說：

「何副官，兄弟有一件事拜託你哥子。」

「什麼事？」我問。

「寫一封信。」他說。

我知道他不能提筆，寫封把信在我不是難事，這點忙當然應該幫，因此我滿口答應。

「謝了！」他笑着向我雙手一拱，頭一低，湊近我輕輕地說：「不過這是一封情書啊！要用洋信封，洋信紙，之乎者也不行，你哥子最好改用新派的，什麼親愛的，我的心肝寶貝兒，恐怕你哥子都得表上幾筆？……」

我忍不住大笑起來，肚子都笑痛了，我問他：

「老兄，你在戀愛？」

「我戀個啥子愛喲？」他拖長聲音淡然一笑，又向房門口打量了一眼，然後附着我的耳朵說：「情書是給軍長寫的，你哥子不妨多化點腦筋，二天包有好處。」

我幾乎跳了起來，過了一會才輕輕地問他：

「軍長還談戀愛？」

「軍長一向是一手交錢，一手取貨，龜兒子！就是這次走了板。」

「怎麼走板？」

「哥子，人家是個大學生哪！」王副官的頭一抬，嗓門突然提高，彷彿他的身份也高了起來。

「軍長怎麼看上她的？」

「還不是我拉的線？」他表功地說。

「她願意嗎？」一個大學生，第十房姨太太，在我看來簡直是不可思議的事。

「她老子那邊我已經擺平了，現在全看你哥子的。」他望着我說。

我覺得這個責任太重，同時我實在不願意幹這個差事，我想打退堂鼓，我對王副官說：

「老兄，我沒有那樣的高才，我只學了一點老古董，不懂新派。只怕這個差事幹不了。」

「唉，你哥子何必客套？」他的頭搖了兩下：「軍長說你博古通今，所以才要我對你哥子說。」

「這是軍長的意思？」

「不是軍長的意思小弟還敢勞動你哥子？」他向我一笑。

這可不難住我了？這無異於命令，只是下達的方式巧妙一些，我怎麼能推託？

「軍長已經有了九位，何必在乎這一個？」我只好旁敲側擊。

「你哥子說不在乎，他可在乎得很呢！他想來個十全十美呀！」

我覺得我再沒有講話的餘地，只好閉嘴。

隨後他又帶我去定做了一套馬褲呢軍服，一雙長統馬靴。這兩樣價錢可不小，眞是富人一雙衣，窮人半年糧。我覺得太奢侈，誠誠懇懇地推辭了一番，他反而責備我說：

「你哥子怎麼這樣迂？這是軍長的美意，又不要我掏腰包，只要你情書寫得好，前程遠得很哩！豈止這點小意思！再說，我們當副官的，應該講點排場，不能像敗兵一樣。我們不像老八在家裏弄飯，經常要跑跑碼頭，尤其是你哥子，要見大官，不能讓人家瞧不起，以爲我們盡是些川耗子。」

王副官的確是個精明人，他人情世故比我練達得多，可以稱得上「不學有術。」

回到豪園以後，我心裏的疙瘩還是未消，一則我不願意代寫「情書」，二則我覺得這樣做對不起久香，如果她不願意我寫，我寧可「抗命」。

當我把這件事悄悄告訴久香時，她竟一點沒有阻止我的意思，反而笑着對我說：

「你寫好了。」

「萬一弄假成眞呢？」

「讓他湊成個整數好了。」

「久香，妳怎麼沒有一點醋意？」她的過份平淡不禁使我有點奇怪。

「我吃誰的醋？」她哈哈一笑，茫然地望着我，我也被她望得茫然起來。

「現在他還寵妳，要是再討一個，那會對妳不利。」我終於說出我心裏的話。

「那不更好？」她反而高興起來！「我還怕被他打入冷宮？我正想金蟬脫殼哩！」

「久香，不要這麼想，妳的殼恐怕脫不了！」我漸漸地了解我頂頭上司的性格，他想要的東西一定要得到，他厭膩的東西，也不願意給別人，他的佔有慾特別强，何況他要十全十美？

久香聽我這麼說，怔怔地望着我，過後又艾怨地問我：

「難道你也不替我想想辦法？」

「我有什麼辦法好想？」我無可奈何地回答。

「我千方百計把你弄來，難道眞是爲他找個好副官？」她突然一陣悲傷，眼淚盈盈欲滴。

我心裏非常感動，但是我眼中無淚，男兒有淚不輕彈，尤其是在這種環境中，我要保持冷靜。但爲免她過份傷心，我委婉地對她說：

「久香，我了解妳的心意，你也知道我心高氣傲，我之所以低三下四地幹這個副官，也無非是爲了陪伴妳。」

「我想不到你是一隻不吃魚的貓？我看你對老頭子好像忠心耿耿的！」她瞪着我說。

我不想再辯，這種事情是越解釋越糊塗，越說越麻煩，她既然不反對我代寫情書，我不如早點交差算了，

王副官把對方的姓名地址都告訴我了，同時交給我一大疊西式信紙信封，但是臨到動筆時我却不知道如何寫好？一則我沒有戀過愛，和久香的情感雖然很好，但是太複雜，有青梅竹馬的成份，有姊弟的成份，還有假裝的表姊弟的成份，雖然她表現得比較坦率，我心裏也有一個秘密，但是我們之間隔着一道世俗的牆，一個大勢力，我很難確定我們算不算戀愛？二則我沒有寫過情書，也沒有讀過什麼「初戀手冊」、「情書大全」之類的大著。而最滑稽的，自然莫過於我根本

不認識對方，自己沒有一點情感，又是代替別人捕風捉影地談情說愛，無病呻吟，我想想都好笑。在這種情形下，我遲遲不能下筆。

後來我靈機一動，把久香當作我寫情書的對象，完全用我自己的情感來寫，根本沒有想到我的頂頭上司，這樣我才完成了這樁特殊的任務。

寫完以後，我交給王副官，王副官再偷偷地呈給上司看。上司拿着這封信牽着獵狗和王副官一道出去，裝作去江邊散步，他的意思是想瞞住久香，我心裏好笑。

三十分鐘後，王副官一個人回來，悄悄地把我拉出去，我問他什麼事，他只說軍長「有請」，我誠惶誠恐地跟他走，走到軍長面前，我恭恭敬敬地行了一個禮，他沒有還我的禮，却把手在我肩上重重地一拍，突然哈哈大笑起來：

「龜兒子，你倒有點鬼才！格老子都被你的鬼話感動了。」

我如釋重負，自己也莫名其妙地大笑起來，笑出了眼淚。

九

我代上司連寫三封情書，毫無反應，上司的臉色也不大好看，我更加担心。

王副官在我們兩人之間察言觀色，看我誠惶誠恐，有點同情，悄悄地把我拉到江邊，檢討這件事情。

那三封信雖然無法和拿破崙情書相比，但我已經盡了最大的努力，我把所能運用的阿諛女人的字眼，不論新的舊的，統統用上，什麼「沉魚落雁、閉月羞花……」，「妳是展着翅膀的安琪兒，眼如洞庭秋水，顧盼神飛……」等等，甚至有些句子我自己看了都感到有點飄飄然。但這樣的情書竟如石沉大海，我眞感到「江郎才盡」，無能爲力了！

「王副官。請你向軍長講一聲，這種事我幹不了，還是另請高明吧！」

「那怎麼可以？」王副官望着我說：「這種事只由你哥子和我來幹，不能偏勞別人，就是傳出去也不好聽。」

「我寫的信像肉包子打狗，有去無回，就是軍長不罵我，我也不好意思。」

「我告訴你她是新派，你要用上我的心肝、我的小寶貝兒，你哥子表了沒有？」

「表了！」我也學着他的腔調回答。「我就怕馬屁拍到馬蹄上了。」

「幸好她沒有踢軍長一腿，不然我們就要兜着走。」他摸摸後腦殼說。

「她究竟長得怎樣？你並沒有告訴我，我完全是瞎子摸象，瞎猜！」

「我又沒有喝幾滴墨水，我怎麼描得出來？」他望着我一笑：「我只能告訴你哥子，她比九姨太還漂亮，臉上擠得出水來，眼睛向你一瞟，你就會渾身發麻。」

「你能不能帶我去看看？」

「要是碰上了機會，我會帶你哥子瞄一眼。」王副官神秘地說，隨後又安慰我：「不過你哥子也不必着急，大學生自然要擺架子，就是鄉下姑娘不拉不扯也不會上轎的。女人就是這個樣子，要是她眞不識抬擧，我會給她老頭子拿點言語。」

「我看這件事恐怕還要仰仗老兄的大力，我不行。」我說。

「要是早幾年，重慶不是陪都，也用不着你哥子費這麼多筆墨，兄弟只要派兩個勤務兵，務把她提了來，包她服服貼貼。現在大水淹了龍王廟，不得不多做點手脚，還是先禮後兵好。」

「我怕軍長不耐煩，請老兄多包涵兩句。」

他拍拍胸脯，表示江湖義氣。

第二天他去沙坪壩，要我陪他。一到沙坪壩，他就帶我坐茶館，擺龍門陣。茶館裏人多嘴雜，「你哥子」，「龜兒子」之聲不絕於耳，他也跟那些四川耗子嘰哩呱啦，嘻嘻哈哈，我不講四川話，那種腔調一時模做不好，很少和那些人搭腔，我覺得有點無聊，不知道他爲什麼要跑到沙坪壩來坐茶館。但他和那些人說得非常起勁，我又不便問。好在花生瓜子吃不完，我的嘴巴也沒有空，就陪着公子趕考似的陪下去。

中午時分，他站起來把長袍上的花生瓜子殼一抖，右手食指無名指向掌心一勾，伸着其餘三個指頭。隨後又五指伸張，四指併攏，在茶房面前晃了一下，就大搖大擺地走了出來，一文錢也沒有付，茶房還恭恭敬敬地把他送到門口。

我奇怪他這麼神通廣大，我問那兩個手勢是什麼意思？他不肯講，只對我一笑：

「你哥子如果愛上茶樓酒館，不妨和兄弟一道，不帶錢也沒有關係，包你出得了大門。」

我跟着他在這個小鎮上轉來轉去，街上有不少學生，他們剛下課，有的上小館子，有的上茶館，三五成羣，說說笑笑。這眞是一大羣天之嬌子，多少青年人都投入抗戰的洪爐，他們却在安靜地讀書。

突然三個女學生向我們迎面走來，王副官用手肘輕輕碰了我一下，輕輕地說：

「中間的，中間的。」

我望了一眼，中間那個女生手上夾了兩本厚書，穿着藍士林布旗袍，和王副官昨天向我描述的一樣美，只是兩隻水汪汪的眼睛顯得很不單純，不僅媚，還有一股懾人的光芒。

她們走過後，我輕輕地問王副官：

「中間的那個就是向未明？」

王副官點點頭。

「她不認識你？」我奇怪地問。

「眞人不露相，現在我怎麼能讓她認識？」他向我一笑。

我恍然於他爲什麼要穿便服。

「我看軍長沒有希望。」我說。

「何以見得？」他反問我。

「人家並不簡單。」

「你哥子放心！」他在我肩膀上一拍：「這條魚遲早要上鈎的。」

他陪我到一家本地館子吃了午飯，才回豪園。

我們回來時上司已經出去，他對久香說，王副官回來時要王副官去找他。到什麼地方去找？他沒有告訴久香，他只說王副官知道。久香向來不願多問他的事，只要他離開豪園就好。

王副官喝了一杯茶就匆匆出去。久香問我同他從什麼地方回來，我坦白告訴她，因爲她並不妒忌，甚至希望早點成功。

這幾天我們很少聚談，上司一走，久香就和我絮絮不休。老八看見我們聊天，他也找話和衛兵窮聊。衛兵是十足的川耗子，未出川一步；老八又是個老江湖，自然見多識廣，他的話常常使衛兵伸長頸子聽，他耍兩手拳脚，衛兵更加佩服得五體投地。

「你的信寫去之後，那個女學生有沒有回音。」她問。

「人家不是無知無識的人，怎麼會睜開眼睛上當？」我說。

「老狐狸和王副官的花樣多得很，也說不定。」

「久香，我實在不願意幹這種鬼事，寫什麼鬼情書。」

「我倒希望你把這件事情幹好。」她鼓勵我說。

「對向未明無益，對我也沒有好處。」

「等這件事情成功了，我們就可以遠走高飛。」她顯然沒有死心，存有幾分幻想。

「卽使新的鳥兒入了籠，妳這隻籠裏的鳥兒恐怕也飛不出去。」王副官在茶館裏隨便露那兩手，更使我提高了戒心，我對於那些旁門左道眞是一竅不通。

「你別盡說喪氣話，就看你有沒有膽量和決心。」她瞟了我一眼：「我也不是那麼容易服貼的人。」

我想起她打那個放牛孩子的事，知道她有一股狠勁。但劉軍長不是放牛的孩子，也不容易對付。我爲了怕她傷心，只好對她說：

「要走就走得正大光明，乾淨俐落，不要拖泥帶水，被人家抓住小辮子。所以這件事我們要愼重考慮，不能冒冒失失。」

「就怕秀才造反，三年不成。」她欣慰地一笑。

。

我怕衛兵疑心，不想和她談得太久，便提議邀老八一道去江邊散步，她同意，老八也很高興。

她又抓住那根籐子飛身下去，老八隨後也依樣葫蘆，身輕似燕，活像兩隻猿猴。我還是走我的老路。

老八一到江邊，就有點技癢，他在一塊小沙灘上倒豎蜻蜓，快活得像個孩子。

老八不像久香，他沒有什麼苦惱，他有跑江湖的習性，隨遇而安，他很滿足於他的中尉待遇，伙夫生活。我來了以後他似乎更快活，他和久香本來如同兄妹，對我又像姑爺，又像兄弟，非常親切有趣。

「老八，你現在又不耍把戲，還豎什麼蜻蜓？」我笑着說。

「盤蛇的總是盤蛇，不隨時練練，骨頭都硬了。」他跳起來說。

「你練練也好，」久香接着說：「不要副官一當就把人當廢了，說不定日後還用得着。」

「妳還想組馬戲班？」老八問她，他不知道她話中有話。她望了我一眼，沒有對他講明，只含糊地說。

「不管組不組班子，我們不能忘本。」

「久香，俺也是這個意思！」老八點頭：「俺當這個副官就像猴兒戴烏紗帽，不是那回事，總算托妳的福，軍長賞鍋飯俺吃，俺怎麼敢忘本？」

「好，你自個兒練，我和他散散步。」久香牽着我的手，對老八說。

「你們去散散心，我會好好地把風。」老八和我們揮揮手。

我和久香沿着江邊慢慢向上走，江水很淺，圓滾滾的鵝卵石，常常被我們踩翻，有兩次久香踩翻了石頭，索性倒在我的懷裏，她的身體豐滿而柔軟，使我想起她兒時練功的柔若無骨。

她還記得十年前我們一道在長江邊拾貝殼，踩脚印的事，我說她的記憶力眞好，她向我凄然一笑：

「那樣的事我一輩子也不會忘記。」

突然老八吹了一聲口哨，我們連忙回頭，久香問他什麼事？他說王副官和劉軍長回來了，我們三個人連忙趕了回來。

我怕上司多心生氣，心裏有點不安，想不到一見了他竟是滿臉笑容，對久香特別親熱，對我好像也很讚賞的樣子，我悄悄地問王副官是怎麼回事？王副官輕輕地對我說：

「向未明回了信。」

「你看到沒有？」

「在軍長身上，我沒有看到。」

「不知道好歹如何？」

「看樣子不壞。」

我這才放心。久香對他也比平常親熱，我覺得他們兩人很會演戲，心裏不免好笑。

黃昏時分，上司牽着獵狗，裝作出去散步的樣子，他故意大聲對我說：

「何副官，陪我散散步，格老子有件公事和你龜兒子商量商量。」

不管是公事也好，私事也好，他要我陪他我不能不去。一路上他都不作聲，走到江邊，走到一個轉彎的地方，他突然對嘉陵江哈哈大笑起來。我不知道他爲什麼這樣大笑？有點摸不着頭腦，因此輕輕地問他：

「軍長爲何發笑？」

「龜兒子，你自己去看吧！」他從馬褲口袋裏摸出一個藍色的洋信封，向我一抛，笑着說。

我一看是女人的筆跡，知道是向未明來的，連忙抽出信紙，展開閱讀：

敬愛的將軍：

三接來信，受寵若驚，將軍不僅嫻於韜略，且精於詞藻，實出人意表，更喜出望外，明何幸，得蒙眷顧耶？

家父曾數度言及將軍盛意，甚感。一切謹遵嚴命，明未敢擅作主張。便請時賜教益。

小妹向未明上

看完以後我沒有作聲，這封信寫得相當理智，詞句亦頗鍊達，顯然是默認了。這樣一個有教養的女孩，居然作這樣的糊塗事，我眞百思不得其解，心裏實在很難過。我的上司從我手中把信拿過去之後，又哈哈大笑起來。他笑過之後，發現我無動於衷，奇怪地望着我說：

「龜兒子，格老子笑，你怎麼不笑？」

他笑，也要我笑，這實在非常滑稽，本來我毫無笑意，他這一問倒使我哈哈大笑起來。

他見我非常高興，又把信交給我，拍拍我的肩：

「你馬上回她一封信，最好約個時間見見面。」

「軍長還沒有見過她？」

「王副官指給我看過，沒有正式見面。」

「什麼時候最好？」

「你先問她什麼時候有空？我叫王副官安排。」

自然我只好照辦，信寫好我還是交給他。

第二天他和王副官出去之後，久香悄悄地問我：

「昨天他要你出去商量什麼了不得的公事？」

我把經過情形講給她聽，她格格大笑起來，笑彎了腰，笑出了眼淚。

十

王副官怎樣安排上司跟向未明見面？他沒有告訴我，我也懶得打聽，久香更是裝聾作啞，不聞不問。起先我還有點躭心，萬一吃起醋來，把這件事情拆穿，那我眞下不了臺。想不到她眞的一點也不在乎，沒漏一絲口風，因此上司對我更加放心，他認為我是一個可以共心腹的部下。

可是我漸漸發現他不大開心，我不知道是什麼緣故？

一天王副官和我單獨在一起，我問他究竟是怎麼回事？他吞吞吐吐地說：

「前幾天他們見面以後，軍長就不高興。」

「為什麼？」

「向未明搭大學生的臭架子。」

「她對軍長不是很敬仰的嗎？」

「可是談起話來就不投機。」王副官說：「本來那天軍長想在北涪多玩一下，結果吃過晚飯就回來了。」

王副官的話我並不感覺驚奇，我們的上司講話並不文雅，樣子也不好看，又有那麼一大把年紀，自然是談不攏的；那些信是我代筆，挖空了心思寫的，她並不知道，因此可能使她產生錯覺。兩人一談話，上司就難免露出馬腳了。

「何副官，我看你最好再寫信給她，寫婉轉一點，把那天見面的事遮蓋一下。」

「軍長並沒有叫我寫。」我說。

「軍長是個愛面子的人，他決不會叫你寫這種信。如果不是抗戰抗到重慶，他對向未明就不會那樣客氣了。」

「王副官，這種信很不好寫。這種信要寫得不亢不卑，恰到好處，而且要切合當時情景，比單純的情書難寫得多。」

「嗨！你哥子才高八斗，」王副官在我肩上一拍：「隨手一揮就成。再說，我們作部下的也應該自動替長官分憂，讓長官開心才是。」

王副官很會講話，我經不起他一再慫恿，終於寫了一封表示歉意的信交給他，但我一再對他聲明：

「你最好讓軍長先過過目，免得有什麼差錯。」

「你以前寫的信軍長還不是原封不動地寄出去，他信得過你哥子，小弟還信不過你哥子？」

就這樣他把這封信帶出去發了。

想不到這封信給我帶來一個難堪的侮辱！

一天晚飯後，我的上司把我叫出來，又把我帶到江邊。天寒歲末，暮色蒼茫，江風，山風吹在身上有點寒意，我沒穿大衣，不免有點哆嗦，我的上司雖然穿了呢大衣，臉色也是鐵青。

突然他從大衣口袋內摸出一封信，往我面前一丟。我連忙檢起來一看，是我寫的那封信，我這才發覺我寫錯了一個字，另外有一句成語用的也不妥當。最糟糕的是向未明在信後寫了幾句，有點鄙薄的意思。看完以後，我沒有出聲，他嚴厲的質問我：

「誰敎你龜兒子寫這封信的？」

「王副官。」我只好直說。

「你龜兒子丟格老子的人！格老子會向那個黃毛丫頭賠不是？」

我不敢作聲，自認晦氣。

「要是前幾年，格老子還會同她戀什麼愛？用得着你龜兒子舞文弄墨？丟格老子的人？」

我仍然不作聲，他鐵青着臉，突然從我手裏把信搶過去，撕得粉碎，向江邊一拋，指着一快大鵝卵石，大聲地命令我：

「你龜兒子給我跪下！看你下次敢不敢擅作主張？」

我沒有跪，我立正回答：

「報告軍長，我不能跪。」

「怎麼？你敢反抗？」他怒吼起來。

「不是反抗，士可殺不可辱。」

他冷笑幾聲，突然掏出手槍指着我：

「你以爲你是上級派來的，格老子不敢槍斃你是不是？」

我不作聲，我不願意亮出底牌，讓他去猜，也聽憑他怎麼處置。別人用手槍指着我這不是第一次。

他終於把手槍收了回去，塞進大衣口袋，摑了我一個耳光，氣冲冲地走了。

晚風吹着我直打寒噤，我心裏却有一股火在燒，如果不是爲了久香，我怎麼會幹這種不是人幹的副官？怎麼會受這種委屈？但他這一個耳光却使我的自尊心突然抬起頭來，我決定不幹。

我擦擦眼淚，正準備回去時，王副官摸到江邊來找我，我一股怒火向他燒了過去，衝着他說：

「王副官，你出的好主意，你是不是來給我收屍？」

「哥子，你別見怪，」王副官握着電筒雙手向我作揖：「算我不好，馬屁拍到馬蹄上去了，明天歸我請客。」

「謝謝你，明天我就捲舖蓋！」我憤憤地說。

「嗨！你哥子怎麼是個氣泡魚？一個耳光算哈子？我吃火腿是常事！」他拉着我的手說：「軍長打你是看得起你，他要槍斃你決不會用手槍當面指着你，子彈進了後腦殼你還不知道哩！」

他的話說得很輕鬆，我的身子不禁一征，我更堅決地說：

「謝謝他的抬舉，我吃不了這盌飯。」

「唉！你哥子怎麼不相信？軍長是實在看得起你，剛才他就後悔，特別要我來請你回去。」

「王副官，他看得起我請我吃耳光，看得起你請你吃火腿，你要知道這兩樣東西我一樣都不喜愛。」

王副官格格笑，笑得像鴨子叫，把我搖了兩下：

「你哥子是聰明人，你該知道榮華富貴是怎麼來的？」

我用力搖頭，他輕輕地對我說：

「我們是自已人，小弟告訴你一句知心話，要想榮華富貴，就要挨得了打，挨得了罵，學手藝也要當三年徒弟，挨得起板子，何況大富大貴？」

「王副官，如果榮華富貴是這麼來的，那我沒有份，明天一定走！」我先爬上坡，他連忙跟了上來。

路很窄，我沒有帶手電筒，走不快，必須等他照亮路我才能舉步，他看我急急忙忙，故意把手電揿息，我只好等他。

回來以後，我一句話不講，倒頭便睡。

老八看我悶悶不樂，走到床邊關心地問我：

「你是不是受了什麼委屈？」

「豈止委屈，簡直是侮辱！」

老八問我是怎麼回事？我沒告訴他，只對他說：

「明天請你幫我把舖蓋捆好，我先到兩路口去一趟，回頭就走。」

老八摸不着頭腦，還要追問，我說明天再講。

這夜我氣得通宵未睡。第二天清早王副官就到我房裏，笑着問我：

「氣消了沒有？」

「無名腫毒，消不了。」我沒好氣地回答。

他嗤的一笑，又一本正經地對我說：

「今天晚上我請你上『樓外樓』，你總不能要軍長向你賠禮？」

「謝謝你的好意，今天晚上我早就離開這裏了。」

他起先以爲我是說着玩的，現在才知道我下了決心，不禁愕在那裏，過了一會鄭重地對我說：

「看在小弟的薄面上，今天無論如何不要走，軍長今天出去有事，我會找機會報告他，看他的意思怎樣？」

我不置可否，反正我已經打定主意。

吃過早飯，王副官就陪着上司一道出去了。我把昨天傍晚經過的情形告訴久香，久香很氣，說要和老頭子大鬧，我平靜地對她說：

「不必，今天我就離開豪園，不再吃這盌窩囊飯了。」

她聽了一屁股跌在沙發上，怔了半天，眼淚一顆顆地滾下來，又突然一躍而起，衝到我的面前說：

「那我們一道走好了！」

「不行，我們不能給他抓住小辮子，我得給他遞個長假報告。」我說。

她顯得非常失望，而且有幾分怨艾，我把利害加以解釋，她才逐漸平靜下來，反而關心我的出路。

「你離開這裏怎麼辦？你在別的地方不見得弄得到一個少校？」

「妳放心，工作沒有問題，我還沒有官迷心竅，不在乎少校不少校。」我安慰她說。

我寫了一個長假報告，要她交給上司，又囑咐老八替我捆好行李，送到朝天門「早看天」小客棧去。

當我離開豪園去城裏找舊日的長官時，久香淒然欲泣，我特別囑咐她和老八不要露出任何形跡，他們才強作歡笑，一如平時我出去一樣，所以衛兵根本不知道我是一去不回的。

我找到了舊日的教育長，請求另派工作，他們考慮我陳述的苦衷之後，願意留我在重慶工作，但我希望回到原來那個鐵的部隊服務。恰巧有一批新畢業的同學正待分發，他們便把我的名字加進去重新分發。

工作問題順利解決後，我才到「早看天」那家小客棧去，這是我初到重慶時住的一家客棧，人很熟。

老八已經在「早看天」等了兩三個鐘頭，他看見我十分高興，彷彿久別重逢一般。他塞給我一捲鈔票，我婉謝地說：

「老八，你能有幾個錢？何必給我？」

「這不是我的，是久香的私房錢，她要我交給你的。」老八說。

聽說是久香的錢，我不禁落淚。老八也黯然地說：

「你走後久香哭得像個淚人兒似的，你不知道她多傷心？」老八這樣說我心裏更加難受，他問我能不能留下來？我把實際情形告訴他，他又高興又遺憾。

「你那天走？」老八問我。

「拿到命令就走。」

「大概要多少天？」

「個把禮拜。」

「好，我改天再來。」老八等了好久才說，他說走就走。

「你不要告訴王副官我在這裏。」我囑咐老八，我怕他會來糾纏。

老八點點頭。

老八走後我寫了幾封快信給原部隊的老長官和同事，一身輕鬆。

對於我的副官生活感到有點羞慚，對於重新回到正牌部隊，我像回到娘家一般喜悅，雖然我降了一級，但我心裏非常舒坦。

十一

第二天，久香到小客棧來找我，我不在，她撲了一個空，留了一張字條：

「我等你兩三個鐘點，你到那裏去了？花脚貓，你好像很開心，不知我多難過！明天下午我再來，你不要出去。不然我會恨你！」

她的字寫得歪歪倒倒，「鐘」字還寫錯了，但我看了非常高興。久香眞是個聰明絕頂的人。我同時敎她和老八認字，老八連一本「百家姓」還沒有唸熟，她却能勉强看報。如果她不像我母親說的投錯了胎，走錯了路，那眞是個雋才。

第二天下午，我眞的不敢出去，專心候她。兩點多鐘她來了，衣着非常樸素，淡雅宜人，像一般良家婦女，同第一次在酒館會面那種雍容華貴，艷光照人的情形完全不同，她眞的是淡裝濃抹總相宜。

她看見我非常高興，隨後又艾怨地問我：

「你昨天跑到那裏去了？害我空跑一趟。」

「我想不到妳會來，出去看個朋友，擺了一下午龍門陣。」我說。

「這麼大的人了，心還是沒有開竅！」她白了我一眼。「我怎麼會不來？」

她的話使我無言以對，我只好問她：

「軍長看了我的長假報告反應如何？」

「他大罵你。」她說。

「他怎樣罵我？」

「龜兒子！好大的氣，打了一個耳光就請長假，眞的不識抬舉！」她學着他的聲調說。

我聽了大笑起來。她堵住我說：

「你笑什麼？要不是在重慶，他早斃了你，還會放你走！」

我掏出手槍，在手上耍了兩下，笑着說：

「那大家就亂來一陣好了，看是他斃我？還是我打死他？」

她對我這種擧動非常欣賞，高興地說：

「你有那種膽量？」

「久香，我不再是乳臭未乾的孩子，可惜讓我表現膽量的機會太少，一生也許只有一次？」

她迷惑地望着我，突然往我懷裏一倒，伏在我肩上喃喃地說：

「眞該死，我一直把你當做膽小的孩子，沒想到你眞的大了，我看左了你！」

「不過我不願意闖禍，」我扶起她，把手槍插進皮篋：「久香，妳最好不要鼓勵我。」

她點點頭，輕輕嘆口氣，隨後又關心地問我：

「錢够不够用？」

「謝謝妳，足够。」我說。

「旅館錢你不必付，我要老八來結帳。」她以大姐的口氣叮囑我。

她是溜出來的，所以又匆匆地趕回去。

我離開重慶的前夕，她又趕着來看我，我以爲她會哭哭啼啼，想不到她却陪着我說說笑笑，使我沒有感到一點離別之苦。臨走時她向我要了一個通信地址，沒有流一滴眼淚，我反而有點失望，我覺得她應該躺在我懷裏哭泣的。女人的情感眞是難以捉摸！

第二天我叫茶房結帳，茶房說已經結淸了。我只好懷着感激和悵惘的心情，離開重慶。

因爲快到年關，交通更加擁擠，到貴陽後，我住在旅館裏等車。

第二天下午，我正躺在床上看書，突然王副官帶着兩個人闖了進來，全是便衣。我眞是又驚又喜，連忙站起來招呼，他兩眼却在房裏四下打量，然後問我：

「何副官，九姨太呢？」

他問得我莫名其妙，我怔了好半天才說：

「九姨太不是在重慶嗎？」

王副官陰陽怪氣地笑了起來，然後臉一沉：

「何副官，我們兄弟一場，明人面前不必說暗話，你到底把九姨太藏到什麼地方去了？」

「王副官，你這是什麼話？」我也把臉孔拉下來：「我明人不作暗事，怎麼會藏你的九姨太？」

他看我理直氣壯，拉長的臉馬上和顏悅色起來，自已在一張竹椅上坐下，笑着對我說：「何副官，不怪軍長和小弟疑心，九姨太和老八昨天跑了，所以軍長要小弟帶人追到貴陽來。」

「有這回事？」我幾乎跳了起來。

「我又沒有發瘋，不然我怎麼會千里迢迢地趕來？」王副官說。

當王副官和我說話時，那兩個便衣短裝的人分別左右兩邊站在房門口，他們每人屁股後面都鼓着一隻手槍。他們不坐，我也懶得招呼他們。

「王副官，可惜你老兄想左了，我孤家寡人一個，不信你在我房裏搜搜，如果找得出一根女人的頭髮，我也願意擔當拐帶的罪名，如果找不出來，請你馬上回去。」我心平氣和地對他說。

他望了那兩人一眼，那兩人也望望他，一時不知如何是好？我對那站在門口的兩個人說：

「你們隨便那一位來搜吧？」

其中一個長着一對鷹眼的瘦長個子馬上走了過來，在床底下望望，掀開床墊看看，衣橱、箱子，統統檢查了一遍，沒有發現什麼。

「怎樣？我有沒有窩藏？」我問那瘦長個子。

瘦長個子沒有作聲，我馬上對他說：

「請你們兩位出去，有話我跟王副官談。」

那兩人向我怒目而視，王副官連忙對他們說：

「好，你們兩人出去，何副官是自已人，我會和他商量。」

那兩人退出後，王副官滿臉堆着笑容對我說：

「小弟知道你哥子淸淸白白，不過旣然出了這個岔子，就請你哥子幫幫忙，陪小弟在貴陽找找，我想九姨太還沒有到貴陽。」

我爲了表示淸白，只好答應，但以三天爲限，我不願意留在貴陽過年。

王副官同意，於是在我房間左右開了兩個房間，我知道他們是存心監視。

我陪他們四處尋找，車站旅館以及其他公共場合，交通要道，都找過了。第一天沒有發現，第二天也沒有發現。而他們三人却如影隨形地跟着我，使我有點心煩，也有點生氣。我爲了給他們一點顏色，趁着和他們在貴陽通重慶的郊外檢查站附近巡邏時，我發現路邊的一棵樹上停了兩隻麻雀，我笑着對王副官說：

「王副官，我打兩隻麻雀囘去給你下酒，讓老兄解解悶。」

他望望那兩隻小麻雀，又向我鄙夷地一笑。我檢起一個小石子，向小麻雀一扔，兩隻小麻雀一驚而起，我迅速地拔出手槍，乒乒兩響，兩隻小麻雀先後落地，跌在我們面前十幾公尺遠的路上。我故意望望他們三人，他們三人相顧失色。王副官隨即握着我的手，在我膀子上一拍：

「眞沒有想到你哥子還有這一手？要是軍長早知道，他決不會讓你走！」

我凄然一笑，把手槍插進皮匳。

從此那兩個人對我必恭必敬，不敢斜着眼睛看我。王副官也是哥子前哥子後的，不敢再把我當犯人。

第三天清早我發現老八在車站打聽去桂林的車子，他們三人要圍過去，我怕老八驚慌逃走，那兩個傢伙開槍傷他，也怕老八發起蠻勁，舉手投足之間把他們打死，因此我厲聲地對他們說：

「不准亂動，讓我去。」

他們果然不敢動。我向老八走去，老八一看見我連忙高興地跑過來，但他一發現王副官又突然停住，敵視地望着他。

「老八，久香在那裏？」我輕輕地問他。

他望了王副官一眼，附着我的耳朶像蚊子叫一樣嗡了一聲：

「仁和客棧。」

「帶我去。」

他望着王副官，輕輕地罵了我一句：

「你發了神經病！」

「老八，聽我的！」我大聲地說。

他只好帶我去，他看他們三人跟來，又突然停止，我對他說：

「他們不敢怎樣！」

他才七彎八拐地把我帶到一個小巷裏的小客棧。一到門口我就把他們三人擋住：

「讓我先進去，你們在外面等等。」

王副官怕我金蟬脫殼，又不敢講，愁眉苦臉地望着我，我爲了使他安心，讓老八留在外面。我照老八說的房間，走了過去，房門是關着的，我輕輕地敲了兩下，久香悄悄地把房門拉開，身子向後一閃，一發現是我又撲了過來，抱住我喜極而泣！

我把經過情形慢慢告訴她，她聽了蒙面大哭，又對我破口大罵：

「你沒有出息，白費了我一番心機！」

經我再三解釋，並向她保證：

「他們決不敢對妳怎樣，你回去和他辦好正式脫離手續，再走不遲，我會等妳。」

「你會等我？」她睜大眼睛望着我。

我用力點頭，她又補上一句：

「等我多久？」

「直到老死。」

她抱着我用力吻了一下，大聲地說：

「好！我跟他們回去！」

我馬上把王副官他們叫進來，王副官向久香恭恭敬敬地行了一個禮，喊了一聲「九姨太。」

我馬上嚴肅地對王副官說：

「王副官，她同意跟你回去，但是你要向軍長交代清楚：第一、應該尊重她的心願。第二、對他們兩人要客客氣氣，如果有任何不利於他們的行爲，請軍長記住兩件事：第一、他有把柄在我手裏，重慶我還有長官朋友。第二是他的槍準？還是我的槍準？是他的命貴？還是我的命貴？如果他還想榮華富貴，還想多活幾年，這兩件事請他愼重考慮。」

「你哥子就是不說，小弟也會在軍長面前細表。」王副官向我諂笑。

我又轉身對老八說：

「老八，他們一路辛苦了，你耍兩樣拿手的把戲給他們看看？」

老八氣得臉色發白，狠狠地瞪我一眼，隨手抓起桌上一把小茶壺，捏得粉碎，手上却沒有一點血。

他們三人面面相覷，呆在那裏。

「王副官，他們兩位交給你了，我可沒有拐帶？」我大聲地對王副官說，急衝出來。

王副官連忙跟了出來，叫着說：

「何副官，請留步，該死！我差點忘了，軍長要我送你一點盤川。」

他趕上來塞了兩根金條在我手上，我拿起看了一眼，感到一陣羞辱，用力往地上一摔：

「瞎了他的狗眼！」

十二

我回到部隊之後，久香會有信來，他說老頭子對他們兩人很客氣，就是不肯讓她脫離。

以後我經過兩次大戰，部隊調動頻繁，通信中斷了兩三年。抗戰勝利前一年我又接到她一封信，她告訴我老頭子終於娶了向未明作十姨太，她形容說：「癩蝦蟆終於吃到了天鵝肉，我也樂得清靜……」

戰後我更是馬不蹄，疲於奔命，我和久香就像斷了線的風箏。

不幸，我的部隊瓦解，我歷千山，涉萬水，隻身來臺。到達臺北的第三天，我在報上看到劉軍長「葬擲」的消息，說是他的十姨太向未明穿針引線的。看見這條消息，我自然會想起久香，我以爲她一定陷身鐵幕，我爲她的不幸深深嘆息。

由於久香和我有一份難忘的情感，和「江如海馬戲團」給我深刻的印象，所以沈常福馬戲團來臺北公演時，我趕來看了兩場。

沈常福馬戲團第二次來臺北公演，我正在臺北，第三天我買了票子提前進場。開演以後，我旁邊還有一個位子空着，我有點奇怪，是誰買了票不進場？

兩個節目過後，一位四十多歲的婦人匆匆地趕了過來，我看看面善，但又記不起是誰？當她從我面前擦過，在旁邊坐下時，我不禁仔細看了她一眼，她也抬頭看了我一眼，我們目光相遇時她馬上一怔，她的眼睛比我精，問了一聲：

「你是澤民？」

我馬上點頭，她向我一笑：

「我是久香，你怎麼不認識了？」

「啊！妳是久香！」我握住她的手，有點激動：

「快二十年不見了，我沒有想到妳會出來？」

「你說過世上的事難料得很，」她又向我一笑：「一點不錯，現在我就坐在這裏。」

「妳是怎麼出來的？」我急切地問。

她輕輕地告訴我，她和老八在重慶緊急時逃到成都，再從成都坐飛機逃到香港，在香港住了兩年，才到臺灣。

「妳怎麼逃出劉軍長的手掌心的？」

「他寵着十姨太，拍新貴的馬屁都來不及，那有心思管我？」

「那傢伙眞是不倒翁。」我說。

「牆頭草，風吹兩邊倒！」她馬上接嘴。

「妳現在的生活怎樣？」

「沒有辦法，去年嫁了一個老頭子。」她沒有掩飾地說，又望望我：「你呢？還是一個人？

「嗯，我連個老太婆也娶不到。」我笑着回答。

「那我害了你了！」她十分抱歉地說。

「也不盡然。」

「你現在幹什麼？」

「什麼也沒有幹。」

「你怎麼能游手好閒？」她奇怪地望着我。

「我幹過臨時僱員、短工……現在，還沒有新的工作。」

這時沈常福的兩位漂亮小姐和其他幾位女孩子正在表演精彩的節目，沈常福的二小姐使我想起重慶時的久香，一個十多歲的漂亮的小女孩，正爬上沈常福肩上頂着的竹桿，在竹桿頂上表演豎蜻蜓，這使我想起三十年前久香在我家鄉爬上四五丈高的旗桿表演豎蜻蜓那件事。我不禁回過頭來看看她，她正聚精會神地觀看。那女孩表演完畢，馬上響起一片掌聲。

「妳能不能再來一下？」我笑着問久香。

「老了！」她慘然一笑，用手掠掠頭髮，我突然發現她鬢邊有幾莖白髮。

她看我兩眼注視她，她也注視着我，突然伸手在我頭上輕輕一扯，扯下兩根白髮，拿到我面前說：

「想不到你也有白頭髮？」

「江湖多風險，歲月不饒人，早就有了！」我接過那兩根白髮，細如銀絲，輕輕一吹，飄落在她脚下。

她輕輕一嘆，拉拉我的衣袖說：

「我們走吧。」

「妳不想看？」

「不看還好，看了我更難過。」她緩緩站了起來。

本來我是懷着憑弔過去的心情來的，既然碰上了她，而她又不願意再看下去，我又何必再看？

我站了起來，她挽着我的手，我們一道走出來。

場子裏擠滿了人，場子外面却很空曠，我突然感到一陣迷惘，我口袋裏只有幾塊錢，我不知道我們應該上那裏去？

「久香，我看我們跑江湖跑到盡頭了，現在上那裏去呢？」我輕輕地說。

「到老八的麵攤兒去歇歇脚吧。」她說老八在寶慶路的騎樓下擺了一個麵攤，路很近，我也想看看老八，便欣然同往。

走到老八的小麵攤，我發現他瘦了，頭髮花白。他已經不認識我，經久香一提，他突然拍了一下腦袋，雙手把我一抱，眼圈一紅，在我臉上打量了一會，搖搖我說：

「你成家沒有？」

我搖搖頭。他又把我一推，轉向久香說：

「久香，這眞是陰錯陽差，妳想了他一二十年，遲不嫁，早不嫁，偏偏去年嫁了個糟老頭子！老天爺，這到底是怎麼回事？」

久香潸然落淚。我想哭，却沒有眼淚。

——完——

墨人博士著作書目（校正版）

書目	類別	出版者	出版時間
一、自由的火焰 ｝與《山之禮讚》合併易名《墨人新詩集》	詩集	自印（左營）	民國三十九年（一九五〇）
二、哀祖國	詩集	大江出版社（臺北）	民國四十一年（一九五二）
三、最後的選擇	短篇小說	百成書店（高雄）	民國四十二年（一九五三）
四、閃爍的星辰	長篇小說	大業書店（高雄）	民國四十二年（一九五三）
五、黑森林	長篇小說	香港亞洲社	民國四十四年（一九五五）
六、魔障	長篇小說	暢流半月刊（臺北）	民國四十七年（一九五八）
七、孤島長虹（全集中易名爲富國島）	長篇小說	文壇社（臺北）	民國四十八年（一九五九）
八、古樹春藤	中篇小說	九龍東方社	民國五十一年（一九六二）
九、花嫁	短篇小說	九龍東方社	民國五十三年（一九六四）
一〇、水仙花	短篇小說	長城出版社（高雄）	民國五十三年（一九六四）
一一、白夢蘭	短篇小說	長城出版社（高雄）	民國五十三年（一九六四）
一二、颱風之夜	短篇小說	長城出版社（高雄）	民國五十三年（一九六四）

一三、白雪青山	長篇小說	長城出版社（高雄）	民國五十四年（一九六五）
一四、春梅小史	長篇小說	長城出版社（高雄）	民國五十四年（一九六五）
一五、洛陽花似錦	長篇小說	長城出版社（高雄）	民國五十四年（一九六五）
一六、東風無力百花殘	長篇小說	長城出版社（高雄）	民國五十四年（一九六五）
一七、合家歡	長篇小說	臺灣省新聞處（臺中）	民國五十四年（一九六五）
一八、紅樓夢的寫作技巧	文學理論	臺灣商務印書館（臺北）	民國五十五年（一九六六）
一九、塞外	短篇小說	臺灣商務印書館（臺北）	民國五十五年（一九六六）
二〇、碎心記	長篇小說	小說創作社（臺北）	民國五十六年（一九六七）
二一、靈姑	長篇小說	小說創作社（臺北）	民國五十七年（一九六八）
二二、鱗爪集	散　文	水牛出版社（臺北）	民國五十七年（一九六八）
二三、青雲路	短篇小說	臺灣商務印書館（臺北）	民國五十八年（一九六九）
二四、變性記	短篇小說	臺灣商務印書館（臺北）	民國五十八年（一九六九）
二五、龍鳳傳	長篇小說	幼獅書店（臺北）	民國五十九年（一九七〇）
二六、火樹銀花	長篇小說	立志出版社（臺北）	民國五十九年（一九七〇）
二七、浮生集	散　文	聞道出版社（臺南）	民國六十一年（一九七二）
二八、墨人詩選	詩　集	臺灣中華書局（臺北）	民國六十一年（一九七二）
二九、鳳凰谷	長篇小說	臺灣中華書局（臺北）	民國六十一年（一九七二）

三〇、墨人短篇小說選　短篇小說　臺灣中華書局（臺北）　民國六十一年（一九七二）
三一、斷腸人　短篇小說　臺灣學生書局（臺北）　民國六十一年（一九七二）
三二、詩人革命家胡漢民傳　傳記小說　近代中國社（臺北）　民國六十七年（一九七八）
三三、心猿　長篇小說　學人文化公司（臺北）　民國六十八年（一九七九）
三四、山之禮讚　詩　集　秋水詩刊（臺北）　民國六十九年（一九八〇）
三五、心在山林　散　文　中華日報社（臺北）　民國六十九年（一九八〇）
三六、墨人散文集　散　文　學人文化公司（臺中）　民國六十九年（一九八〇）
三七、山中人語　散　文　臺灣商務印書館（臺北）　民國七十二年（一九八三）
三八、花市　散　文　江山出版社（臺北）　民國七十四年（一九八五）
三九、三更燈火五更雞　散　文　江山出版社（臺北）　民國七十四年（一九八五）
四〇、墨人絕律詩集　詩　集　臺灣商務印書館（臺北）　民國七十六年（一九八七）
四一、全唐詩尋幽探微　文學理論　臺灣商務印書館（臺北）　民國七十六年（一九八七）
四二、第二春　短篇小說　采風出版社（臺北）　民國七十七年（一九八八）
四三、全唐宋詞尋幽探微　文學理論　臺灣商務印書館（臺北）　民國七十八年（一九八九）
四四、小園昨夜又東風　散　文　黎明文化公司（臺北）　民國八　十年（一九九一）
四五、紅塵（上、中、下三卷）　長篇小說　臺灣新生報社（臺北）　民國八　十年（一九九一）
四六、大陸文學之旅　散　文　文史哲出版社（臺北）　民國八十一年（一九九二）

四七、紅塵續集	長篇小說	臺灣新生報社（臺北）	民國八十二年（一九九三）
四八、墨人半世紀詩選	詩　選	文史哲出版社（臺北）	民國八十四年（一九九五）
四九、張本紅樓夢（上下兩巨冊）	修訂批註	湖南出版社（長沙）	民國八十五年（一九九六）
五〇、紅塵心語	散　文	圓明出版社（臺北）	民國八十五年（一九九六）
五一、年年作客伴寒窗	散　文	中天出版社（臺北）	民國八十六年（一九九七）
五二、全宋詩尋幽探微	文學理論	文史哲出版社（臺北）	民國八十九年（二〇〇〇）
五三、墨人詩詞詩話	詩詞・理論	詩藝文出版社（臺北）	民國八十九年（二〇〇〇）
五四、娑婆世界（定本）	長篇小說	昭明出版社（臺北）	民國八十八年（一九九九）
五五、白雪青山（定本）	長篇小說	昭明出版社（臺北）	民國八十九年（二〇〇〇）
五六、滾滾長江（定本）	長篇小說	昭明出版社（臺北）	民國八十九年（二〇〇〇）
五七、春梅小史（定本）	長篇小說	昭明出版社（臺北）	民國八十九年（二〇〇〇）
五八、紫燕（定本）	長篇小說	昭明出版社（臺北）	民國九　十年（二〇〇一）
五九、紅樓夢的寫作技巧（定本）	文學理論	昭明出版社（臺北）	民國九　十年（二〇〇一）
六〇、紅塵六卷（定本）	長篇小說	昭明出版社（臺北）	民國九　十年（二〇〇一）
六一、紅塵法文本	巴黎友豐（you fonq）書局出版		二〇〇四年初版

附註：

▲北京中國文聯出版社　二〇〇三年出版　大陸教授羅龍炎・王雅清合著《紅塵》論專書

▲臺北市昭明出版社出版墨人一系列代表作，長篇小說《娑婆世界》、一百九十多萬字的空前大長篇《紅塵》（中法文本共出五版）暨《白雪青山》（兩岸共出六版）、《滾滾長紅》、《春梅小史》、《紫燕》，短篇小說集、文學理論《紅樓夢的寫作技巧》（兩岸共出十四版）等書。臺灣中華書局出版的《墨人自選集》共五大冊，收入長篇小說《白雪青山》、《靈姑》、《鳳凰谷》、《江水悠悠》（爲《東風無力百花殘》易名）、《短篇小說・詩選》合集。《哀祖國》及《合家歡》皆由高雄大業書店再版。臺北詩藝文出版社出版的《墨人詩詞詩話》創作理論兼備，爲「五四」以來詩人、作家所未有者。

▲臺灣商務印書館於民國七十三年七月出版先留英後留美哲學博士程石泉、宋瑞等數十人的評論專集《論墨人及其作品》上、下兩冊。

▲《白雪青山》於民國七十八年（一九八九）由臺北大地出版社第三版。

▲臺北中國詩歌藝術學會於一九九五年五月出版《十三家論文》論《墨人半世紀詩選》。

▲《紅塵》於民國七十九年（一九九〇）五月由大陸黃河文化出版社出版前五十四章（香港登記，深圳市印行）。大陸因未有書號未公開發行僅供墨人「大陸文學之旅」時與會作家座談時參考。

▲北京中國文聯出版公司於一九九二年十二月出版長篇小說《春梅小史》(易名《也無風雨也無晴》)；一九九三年四月出版《紅樓夢的寫作技巧》。

▲北京中國社會科學出版社於一九九四年出版散文集《浮生小趣》。

▲北京群眾出版社於一九九五年一月出版散文集《小園昨夜又東風》；一九九五年十月京華出版社出

版長篇小說《白雪青山》大陸版，第一版三千冊，一九九七年八月再版一萬冊。

▲長沙湖南出版社於一九九六年一月初出版墨人費時十多年精心修訂批註的《張本紅樓夢》，分上下兩大冊精裝一萬一千套。立即銷完、因未經墨人親校，難免疏失，墨人未同意再版。

Mo Jen's Works

1950 *The Flames of Freedom*（poems）《自由的火焰》

1952 *Lament for My Mother Country*（poems）《哀祖國》

1953 *Glittering Stars*（novel）《閃爍的星辰》

The Last Choice（short stories）《最後的選擇》

1955 *Black Forest*（novel）《黑森林》

The Hindrance（novel）《魔障》

The Rainbow and An Isolated Island（novel）《孤島長虹》（全集中易名爲富國島）

1963 *The spring Ivy and Old Tree*（novelette）《古樹春藤》

1964 *Narcissus*（novelette）《水仙花》

A Typhonic Night（novelette）《颱風之夜》

Ms.Pei Mong-lan (novelette) 《白夢蘭》

The Joy of the Whole Family (novel) 《合家歡》

Flower Marriage (novelette) 《花嫁》

1965 *White Snow and Green Mountain* (novel) 《白雪青山》

The Short Story of Miss Chung Mei (novel) 《春梅小史》

The Powerless Spring Breeze and Faded Flowers (novel) 《東風無力百花殘》(《江水悠悠》)

Flower Blossom in Loyang (novel) 《洛陽花似錦》

1966 *The Writing Technique of the Dream of Red Chamber* (literature theory) 《紅樓夢的寫作技巧》

Out of The Wild Frontier (novelette) 《塞外》

1967 *A Heart-broken Story* (novel) 《碎心記》

1968 *Miss Clever* (novel) 《靈姑》

Trifle (prose) 《鱗爪集》

1969 *The Road to Promotion* (novelette) 《青雲路》

1970 *A Sex-change Story* (novelette) 《變性記》

The Biography of the Dragon and the Phoenix (novel) 《龍鳳傳》

1971 *A Brilliantly lighted Garden* (novel) 《火樹銀花》

1972 *My Floating Life* (prose) 《浮生記》

Selection of Mo Jen's Poems《墨人詩選》
A Heart-broken Woman（novelette）《斷腸人》
Phoenix Valley（novel）《鳳凰谷》
Mo Jen's Works（five volumes）《墨人自選集》
Selection of Mo Jen's short stores《墨人短篇小說選》
1978 *Hu Han-ming, the Poet and Revolutionist*（novel）《詩人革命家胡漢民》
1979 *The Mokey in the Heart*（i.e. The Purple Swallow renamed）《心猿》
1980 *The Hermit*（prose）《心在山林》
A Collection of Mo Jen's Prose（prose）《墨人散文集》
A Praise to Mountains（poems）《山之禮讚》
1983 *Mountaineer's Remarks*（prose）《山中人語》
1985 *My Candle Burns at Both Ends*（prose）《三更燈火五更雞》
Flower Market（prose）《花市》
1986 *A Mundane World*（novel, four volumes, over 1.9 million words）《紅塵》
1987 *Remarks on All Poems of the Tang Dynasty*（theory）《全唐詩尋幽探微》
1988 *Remarks On All Tsyr*（prose poem）*of the Tang and Sung Dynasties*（theory）《全唐宋詞尋幽探微》
1991 *The Breeze That Came From The East Last Night in My Little garden Again*（prose）《小園昨夜又東風》

1992 *Travel for Literature in Mainland China*（prose）《大陸文學之旅》

1995 *Selection of Mo Jen's Poems, 1992-1994*《墨人半世紀詩選》

1996 *I'll look upon the World*《紅塵心語》

Chang Edition of the Dream of Red Chamber《張本紅樓夢》（修訂批註）

1997 *Cherish thy guests and the Muses*《年年作伴寒窗》

1999 *Saha Shih Gai*《娑婆世界》

1999 *Remarks on All Poems of the sung Dynasties*《全宋詩尋幽探尋》

1999 *Mo Jen's Classical Poems and Prose Poems*《墨人詩詞詩話》

2004 *Poussiere Rouge*《紅塵》法文譯本

墨人博士創作年表（二〇〇五年增訂）

年度	年齡	發表出版作品及重要文學紀錄摘要
民國二十八年己卯（一九三九）	十九歲	在東南戰區《前線日報》發表〈臨川新貌〉。淪陷區著名的上海《大美晚報》隨即轉載。
民國二十九年庚辰（一九四〇）	二十歲	在《前線日報》發表〈希望〉、〈路〉等新詩作品。
民國三十年辛巳（一九四一）	二十一歲	在《前線日報》發表〈評夏伯陽〉書評等文。
民國三十一年壬午（一九四二）	二十二歲	在各大報發表〈苦難的行列〉、〈贛州禮讚〉（長詩）、〈老船夫〉、〈盲歌者〉、〈自己的輓歌〉、〈抹去那怯弱的眼淚吧〉、〈生命之歌〉、〈快割鳥〉、〈鷂鷹與雲雀〉等詩及散文多篇。
民國三十二年癸未（一九四三）	二十三歲	在各大報發表長詩〈鋤奸隊長〉、〈搜索連長〉、〈遙寄〉、〈寫在第七個七七〉、〈父親〉、〈受難的女神〉、〈城市的夜〉及〈火把〉、〈擊柝者〉、〈橋〉、〈古鐘〉、〈汽笛〉、〈山居〉、〈沙灘〉、〈夜行者〉、〈孤芳〉、〈蚊蟲〉、〈蒼蠅〉、〈園圃〉、〈陽光〉、〈深秋〉、〈贈某詩人兼寫自己〉、〈哀亡命詩人〉、〈自供〉、〈白屋詩抄〉、〈哀歌〉、〈生活〉、〈給偶像崇拜者〉、〈戰書〉、〈燈下獨白〉、〈夜歸〉、〈失眠之夜〉、〈悼〉、〈殘英〉、〈黃昏曲〉、〈補綴〉、〈復活的季節〉〈擬戀歌〉、〈晨雀〉、〈春耕〉、〈天空的搏鬥〉等長短抒情詩。另發表散文及短篇小說多篇。

民國三十三年甲申（一九三九）	二十四歲	發表〈山城草〉五首及〈沒有褲子穿的女人〉、〈襤褸的孩子〉、〈駝鈴〉、〈無聲的哭泣〉、〈長夜草〉、〈春夜〉、〈擬某女演員〉、〈蛙聲〉、〈麥笛〉等詩及散文多篇。
民國三十四年乙酉（一九四五）	二十五歲	發表〈最後的勝利〉及〈煉獄裏的聲音〉、〈神女〉、〈問〉等長詩與散文多篇。
民國三十五年丙戌（一九四六）	二十六歲	發表〈夢〉、〈春天不在這裡〉等詩及散文多篇。
民國三十六年丁亥（一九四七）	二十七歲	發表〈冬天的歌〉、〈流浪者之歌〉、〈手杖、煙斗〉及長詩〈上海抒情〉等與散文多篇。
民國三十七年戊子（一九四八）	二十八歲	主編軍中雜誌、撰寫時論，均不署名。
民國三十八年己丑（一九四九）	二十九歲	七月渡海抵臺，發表〈呈獻〉、〈滿妹〉，及長詩〈自由的火燄〉、〈人類的宣言〉等及散文多篇。
民國三十九年庚寅（一九五〇）	三十歲	發表〈站起來，捏死他！〉、〈滾出去，馬立克！〉、〈英國人〉、〈海洋頌〉等詩。出版《自由的火燄》詩集。
民國四十年辛卯（一九五一）	三十一歲	發表〈春晨獨步〉、〈炫與殉〉、〈悼三閭大夫屈原〉、〈詩聯隊〉、〈心靈之歌〉、〈子夜獨唱〉、〈真理、愛情〉、〈友情的花朵〉、〈啊，西風啊！〉、〈歲暮吟〉、〈師生〉、〈往事〉、〈天書〉、〈歷程〉、〈雨天〉、〈火車飛馳在海岸淥上〉、〈帶路者〉、〈送第一艦隊出征〉等詩，及〈哀祖國〉長詩。
民國四十一年壬辰（一九五二）	三十二歲	發表〈未完成的想像〉、〈廊上吟〉、〈窗下吟〉、〈白髮吟〉、〈秋夜輕吟〉、〈秋訊〉、〈渴念，追求〉、〈寂寞、孤獨〉、〈冬眠〉、〈我想把你忘記〉、〈想念〉、〈成人的悲歌〉、〈訴〉、〈詩人〉、〈詩〉、〈貝絲〉、「春天的懷念」五首，〈和風〉、〈夜雨〉、〈臺灣海峽的霧〉等及散文、短篇小說多篇。 出版《哀祖國》詩集。

民國四十二年癸巳（一九五三）	三十三歲	發表〈寄台北詩人〉等詩及散文短篇小說多篇。高雄百成書店出版短篇小說集《最後的選擇，收入〈華玲〉、〈生死戀〉、〈梅蘭馨〉、〈敵人的故事〉、〈最後的選擇〉、〈蔣復成〉、〈姚醫生〉等七篇。大業書店出版長篇小說《閃爍的星晨》一、二兩冊。
民國四十三年甲午（一九五四）	三十四歲	發表〈雪萊〉、〈海鷗〉、〈鳳凰木〉、〈流螢〉、〈鵝鑾鼻〉、〈海邊的城〉、〈長夏小唱〉及散文、短篇小說多篇。
民國四十四年乙未（一九五五）	三十五歲	發表〈雲〉、〈F-86〉、〈題GK〉等詩及散文、短篇小說多篇。香港亞洲出版社出版長篇小說《黑森林》，並獲中華文獎會國父誕辰長篇小說第二獎（第一獎從缺）。
民國四十五年丙申（一九五六）	三十六歲	發表〈四月〉等詩及散文、短篇小說多篇。
民國四十六年丁酉（一九五七）	三十七歲	發表〈月亮〉、〈九月之旅〉、〈雨和花〉等詩及長篇小說《魔障》。
民國四十七年戊戌（一九五八）	三十八歲	暢流半月刊雜誌社出版長篇連載小說《魔障》。
民國四十八年己亥（一九五九）	三十九歲	發表短篇小說、散文多篇。文壇雜誌社出版長篇小說《孤島長虹》（全集中易名爲《富國島》）。
民國四十九年庚子（一九六〇）	四十歲	發表〈橫貫小唱〉等詩及散文、短篇小說多篇。
民國五十年辛丑（一九六一）	四十一歲	發表〈熱帶魚〉、〈豎琴〉、〈水仙〉等詩及短篇小說甚多。奧國維也納納富出版公司編選的《世界最佳小說選》選入短篇說〈馬腳〉，同時入選者有諾貝爾文學獎得主威廉福克納、拉革克菲斯特等世界各國名作家作品。

民國五十一年壬寅（一九六二）	四十二歲	發表〈青鳥〉、〈兩腳獸〉、〈晚會〉、〈祈禱〉等詩及短篇小說甚多。奧國維也納納富出版公司又將短篇小說《小黃》（以江州司馬筆名撰寫者）選入《世界最佳小說選》，同時入選者有諾貝爾獎得主蕭洛霍夫，郭沫若及世界各國名作家作品。
民國五十二年癸卯（一九六三）	四十三歲	香港九龍東方文學出版社出版中篇小說《古樹春藤》。發表短篇小說、散文甚多。
民國五十三年甲辰（一九六四）	四十四歲	香港九龍東方文學社出版短篇小說集《花嫁》，收入〈教師爺〉、〈劉二爹〉、〈二媽〉、〈異鄉人〉、〈花嫁〉、〈扶桑花〉、〈南海屠鮫〉、〈高山曲〉、〈古寺心聲〉、〈誘惑〉、〈隱情〉、〈美珠〉、〈新苗〉、〈心聲淚影〉等十四篇。 高雄長城出版社出版中短篇小說集《水仙花》，收入〈水仙花〉、〈銀杏表嫂〉、〈圓房記〉、〈江湖兒女〉、〈天鵝〉、〈賭徒〉、〈搶親〉、〈黃龍〉、〈風雪歸人〉、〈花子老趙〉、〈景雲寺的居士〉、〈人與樹〉、〈過客〉、〈阿婆〉、〈馬腳〉、〈小黃〉等十六篇。 高雄長城出版社出版中短篇小說集《白夢蘭》。收入〈情敵〉、〈空手〉、〈師生〉、〈斷夢〉、〈黃昏曲〉、〈白夢蘭〉、〈平安夜〉、〈凱塞琳、萊蒙托夫與我〉、〈陽春白雪〉、〈亂世佳人〉、〈傷心之旅〉、〈白衣清淚〉、〈護士與病人〉、〈如夢記〉、〈除夕〉等十五篇。　高雄長城出版社出版《中華日報》連載的二十五萬字長篇小說《白雪青山》。　發表短篇小說、散文甚多。
民國五十四年乙巳（一九六五）	四十五歲	高雄長城出版社出版連載長篇小說《洛陽花似錦》、《春梅小史》、《東風無力百花殘》三部。　發表短篇小說、散文甚多。 省政府新聞處出版長篇小說《合家歡》。
民國五十五年丙午（一九六六）	四十六歲	是年五月赴馬尼拉華僑文教講習會講授「紅樓夢的寫作技巧」及新詩課程一個月。 商務印書館出版文學理論專著《紅樓夢的寫作技巧》，全書共十五萬字。 商務印書館出版中短篇小說集《塞外》。收入〈塞外〉、〈鬍子〉、〈百合花〉、〈天山風雲〉、〈白金龍〉、〈白狼〉、〈秋圃紫鵑〉、〈曹萬秋的衣缽〉、〈半路夫妻〉、〈百鳥聲喧〉、〈風竹與野馬〉、〈美人計〉、〈夜襲〉、〈花燭劫〉等十四篇。

民國五十六年丁未（一九六七）	四十七歲	發表短篇小說、散文甚多。小說創作社出版連載長篇小說《碎心記》。
民國五十七年戊申（一九六八）	四十八歲	小說創作社出版《中華日報》連載長篇小說《靈姑》。水牛出版社出版散文集《鱗爪集》，收入〈家鄉的魚〉、〈家鄉的鳥〉、〈雪天的懷念〉、〈秋山紅葉〉、〈學問與創作之間〉等散文七十六篇、舊詩三首。
民國五十八年己酉（一九六九）	四十九歲	商務印書館出版中短篇小說集《青雲路》。收入〈世家子弟〉、〈青雲路〉、〈空棺記〉、〈久香〉等四篇。
民國五十九年庚戌（一九七〇）	五十歲	商務印書館出版中短篇小說集《變性記》。收入〈變性記〉、〈嬌客〉、〈歲寒圖〉、〈泥龍〉、〈祖孫父子〉、〈秋風落葉〉、〈老夫老妻〉、〈恩愛夫妻〉、〈布販與偷雞賊〉、〈芳鄰〉、〈沙漠王子〉、〈沙漠之狼〉、〈世界通先生〉、〈寶珠的祕密〉、〈奇緣〉等十五篇。幼獅文化事業公司出版長篇小說《龍鳳傳》。臺北立志出版社出版長篇《火樹銀花》出版全集時易名《同是天涯淪落人》。
民國六十年辛亥（一九七一）	五十一歲	立志出版社出版長篇小說《火樹銀花》。發表散文多篇及在高雄《新聞報》連載長篇小說《紫燕》。
民國六十一年壬子（一九七二）	五十二歲	聞道出版社出版散文集《浮生集》。收入〈文藝的危機〉、〈貝克特高風〉、〈五十年華〉等散文十三篇，舊詩六首。學生書局出版短篇小說散文合集《斷腸人》。收入短篇小說〈斷腸人〉、〈薇薇〉、〈相見歡〉、〈滄桑記〉、〈恩怨〉、〈夜宴〉等七篇及散文〈文學系與文學創作〉、〈大學國文教學我見〉、〈作家之死〉等十五篇。　中華書局出版《墨人自選集》五大冊。包括長篇小說《白雪青山》、《靈姑》、《鳳凰谷》、《江水悠悠》（《東風無力百花殘》易名）及《短篇小說、詩選》（精選短篇小說二十八篇，抒情詩一〇六首），共一百五十萬字。
民國六十二年癸丑（一九七三）	五十三歲	發表散文多篇。列入英國劍橋國際傳記中心（International Biographical Centre Cambridge England）出版的《國際詩人名錄》（*International Who's Who in Poetry. 1973*）。

民國六十三年甲寅（一九七四）	五十四歲	出席第二屆世界詩人大會。發表散文多篇。
民國六十四年乙卯（一九七五）	五十五歲	列入正中書局出版的《中華民國文藝史》（1975）。發表〈臺北的黃昏〉新詩一首及散文多篇。
民國六十五年丙辰（一九七六）	五十六歲	列入英國劍橋國際傳記中心出版的 *Men of Achievement. 1976* 發表〈歷史的會晤〉新詩及散文、短篇小說多篇。
民國六十六年丁巳（一九七七）	五十七歲	應 I.B.C 邀請於三月間赴義大利翡冷翠出席國際文藝交流大會（The 3rd I.B.C. International Congress on Arts and Communications）。會後環遊世界。發表〈羅馬之雲〉、〈羅馬之松〉、〈翡冷翠的女郎〉、〈翡冷翠之柳〉、〈塞納河〉等詩及羅馬掠影」、〈單城記〉、〈威尼斯之旅〉、〈藝術之都翡冷翠〉、〈西雅奈與比薩斜塔〉、〈美國行〉、〈江戶、皇宮、御苑〉、〈環球心影〉等遊記。在《中國時報》發表有關中國文化論文〈中國文化的三條根〉，在《新生報》發表〈文藝界的『洋』瘋瘋〉等多篇。
民國六十七年戊午（一九七八）	五十八歲	近代中國社出版長篇傳記小說《詩人革命胡漢民傳》。列入英國劍橋國際傳記中心出版的《國際名人辭典》（*Dictionary of International Biography.1978*）。《國際知識分子名錄》(*International Who's Who of Intellectual.1978*、《國際人名剪影》 *International Register of Profiles*）、《國際社會名人錄》（*International Who's Who in Community Service*），發表〈六月之荷〉詩一首。在各報發表〈中國文化的宇宙觀〉、〈中國文化的真面目〉、〈文化、社會形態與當代文學創作（爲亞洲文學會議而作）〉、〈人與宇宙自然法則〉等。出席亞洲文學會議。 列入中華書局出版的《中華民國當代名人錄》(*Who's Who of R.O.C. 1978*） 列入行政院新聞局編印的一九七八年英文《中華民國年鑑名人錄》（*China Yearbook Who's Who*）。

民國六十八年己未（一九七九）	五十九歲	學人文化事業有限公司出版長篇小說《心猿》（《紫燕》易名）。發表短篇小說〈春〉、〈杏林之春〉、長詩〈哀吉米・卡特〉及〈山之禮讚〉五首。短篇〈客從故鄉來〉、〈人瑞〉。理論〈中國古典小說戲劇〉、〈抗戰文學的整理與再創作〉（《中央日報》）等多篇。
民國六十九年庚申（一九八〇）	六十歲	秋水詩刊社出版詩集《山之禮讚》、收集六十四年以後新詩四十四首及七言絕律詩十首。　中華日報社出版散文集《心在山林》、收集〈花甲雲中過〉、〈老當益壯〉、及抒情寫景散文數十篇。 臺中學人文化事業出　版有限公司出版《墨人散文集》收集〈文化、社會形態與當代文學創作〉、〈人與宇宙自然法則〉、〈中國文化的三條根〉、〈宇宙爲心人爲本〉、〈文藝界的『洋』瘋癲〉等理論性散文數十篇。 在《中央日報・副刊》發表〈紅樓夢研究的正確方向〉，《中華日報・副刊》發表〈人生六十樹常青〉，《青年戰士報・新文藝副刊》發表〈山中人語〉專欄文章〈山水之間〉、〈生命長短價值觀〉、〈寶刀未老〉、〈七進七出鬼門關〉、〈報人甘苦〉、〈杏壇生涯〉等。 接受《大華晚報》採訪組副主任程榕寧兩次訪問，一爲談胡漢民生平，一爲談《易經》、《道德經》、命學，並發表〈醫學命學與人生〉專文。
民國七十年辛酉（一九八一）	六十一歲	繼續撰寫《山中人語》專欄。 應臺中市《自由日報》特約撰寫《浮生小記》專欄。 應行政院新聞局邀請參觀本省農漁畜牧事業單位，並在《中央日報》發表〈人在福中〉散文。 接受臺灣廣播公司《成功之路》節目訪問，於四月廿七日晚八時半播出。 在高雄《新聞報》發表〈撥亂反正說紅樓〉（六月十七、十八日）論文。
民國七十一年壬戌（一九八二）	六十二歲	九月赴漢城出席第二屆中韓作家會議，並在東京參加中日作家會議，曾暢遊南韓、北海道、大阪至東京名勝地區，歸後撰寫〈韓國掠影〉、〈秋遊北海道〉，發表於《中央日報》。 列入中華民國名人傳記中心出版的《中華民國現代名人錄》。

		列入英國劍橋國際傳記中心出版的《傑出男女傳記》（*Men and Women of Distinction*）並附照片。 列入美國 MarQuis 公司出版的《世界名人錄》（*Who's Who in the World*）第六版。 接受義大利藝術大學授予的文學功績證書。
民國七十二年癸亥（一九八三）	六十三歲	商務印書館出版散文集《山中人語》，收集散文七十篇。
民國七十三年甲子（一九八四）	六十四歲	商務印書館出版《論墨人及其作品》上、下兩冊，包括評論文章六十餘篇。 列入義大利 Accademia Itlia 出版英、法、德、義四種文字的《國際文學史》（*The History of International Literature*）及《百科全書：當代人物（*The Encyclopadeia: Contemporary Personalities*）。 端午節（六月四日）開筆撰寫已構思準備十餘年的一百餘萬字的大長篇小說《紅塵》，年底完成初稿四十餘萬字。 十月在韓國漢城舉行的第四屆中韓作家會議，事忙未能出席，但提出一萬餘字的論文〈古典與現代〉一篇。
民國七十四年乙丑（一九八五）	六十五歲	由江山出版社出版《三更燈火五更雞》、《花市》散文集等兩本，前者收入散文，理論二十四篇，後者收入散文遊記二十七篇。 八月一日退休，專心寫作《紅塵》，於十二月底完成九十二章，告一段落，共一百二十萬字，超出《紅樓夢》十餘萬字，內有絕律詩（聯）三十一首。
民國七十五年丙寅（一九八六）	六十六歲	年初開始研讀《全唐詩》，撰寫《全唐詩尋幽探微》，十一月完成，共十二萬餘字，一面在《新聞報・西子灣》發表，並連同歷年所作絕律詩三十七首，定名為《墨人絕律詩集》，一併交與臺灣商務印書館簽約出版。 列入美國 A.B.I.出版的 5000 Personalities of the World：英國 I.B.C.出版的 *The Intemational Authors and Writers Who's Who.*

民國七十六年丁卯（一九八七）	六十七歲	訪問考察東南亞地區、國家馬來西亞、新加坡、泰國、菲律賓、香港十七天，並出席多次座談會。 商務印書館出版《全唐詩尋幽探微》（附《墨人絕律詩集》）。 《紅塵》長篇小說於三月五日開始在（臺灣新生報）連載。 七月四、五日出席在臺北市召開的抗戰文學研討會。 八月一日出席在高雄市召開的第七屆中韓作家會議。
民國七十七年戊辰（一九八八）	六十八歲	元月二日完成《全唐宋詞尋幽探微》（附《墨人詩餘》）全書十六萬字。設於美國深受世界尊重的「國際大學基金會」（The Marguis Giuseppe Scicluna 1855-1907 Intemarional University Foundation）（Founded 1973）授予榮譽文學博士學位。
民國七十八年己巳（一九八九）	六十九歲	臺灣商務印書館出版《全唐宋詞尋幽探微》。 臺北大地出版社三版長篇小說《白雪青山》。 世界大學（World University）授予榮譽文學博士學位。
民國七十九年庚午（一九九〇）	七十歲	五月應大陸黃河文化實業公司邀請，作四十天文學之旅，與北京、上海、杭州、九江、武漢、西安、蘭州等地作家座談中華文化、文學創作，坦誠交換意見，獲得一致共識、真摰友情與尊敬，廣州電視臺並全程錄影，製作專輯播出，六月底返臺後即撰寫《大陸文學之旅》專著。 艾因斯坦國際學院基金會（Albert Einstein 1879-1955 Intemational Academy Foundation）授予榮譽人文學博士學位。 榮列英國劍橋國際傳記中心出版的 IBC Book of Dedications.占全書篇幅五頁，刊登照片五張，介紹五十年創作生涯，十分翔實，篇幅之大，爲全書冠，並禮聘爲 IBC 副總裁。
民國八十年辛未（一九九一）	七十一歲	二月底新生報出版《紅塵》，二十五開本，上、中、下三鉅冊。黎明文化事業公司出版《小園昨夜又東風》散文集。 應香港廣大學院禮聘爲中國文學研究所客座指導教授。 《紅塵》榮獲新聞局著作金鼎獎及嘉新優良著作獎。

民國八十一年壬申（一九九二）	七十二歲	文史哲出版社出版《大陸文學之旅》。 應聘香港廣大學院中研所客座指導教授。 一月五日開筆寫《紅塵續集》，自九十三章起至一百二十章止，共四十萬字，六月十日完稿，《紅塵》全書共一百九十萬字。續集自十二月一日開始在《臺灣新生報・副刊》連載近年，雙破長篇鉅著及連載紀錄。中國廣播公司《中廣小說選播》節目，亦於十二月一日十四時三十分，在AM657千赫第一廣播網開始播出長篇鉅著《紅塵》上、中、下三冊，由戴愛華小姐導播，集該公司播音精英，通力合作，龍老夫人一角由播音元老白銀飾演，其餘人物均爲一時之選，效果奇佳，前所未有。　北京「中國文聯出版公司」出版《也無風雨也無晴》。 墨人故鄉九江《師專學報》，於本年起開闢《墨人研究》專欄，與《陶淵明研究》、《黃山谷研究》，並稱三大專欄，甚受教育、學術界重視。
民國八十二年癸酉（一九九三）	七十三歲	十月下旬，偕《秋水》詩刊同仁涂靜怡、雪柔、麥穗、汪洋萍、風信子、林蔚穎等爲慶祝《秋水》創刊二十周年，訪問哈爾濱、北京、西安三大都市，與當地詩人座談交流，水乳交融，兩岸詩人因而建立深厚友誼。十一月初，隻身訪問昆明、探親，昆明作協主席曉雪、八十多歲老作家李喬、小說家張昆華、《春城晚報》副總編輯熊廷武、副刊主編原因、理論家教授余斌、作家湯世傑、李錦華等集會歡迎，其中多爲白族、彝族等少數民族作家，乃以雲南少數民族文化資源努力創作相勉，深獲共鳴。資深作家彭荊風，晚間並來下榻處暢談。 繼續應聘香港廣大學院中研所客座指導教授三年。 十二月新生報社出版《紅塵續集》，全書共四大冊，其實前後一貫，爲一整體，該報爲方便，乃以《續集》名之。一生心願心血得以完成，在輕、薄、短、小及商品文學獨占市場情況下，亦一大異數。北京「中國文聯出版公司出版《紅樓夢的寫作技巧》。

民國八十三年甲戌（一九九四）	七十四歲	一月開始研讀自北京購回的《全宋詩》，擬續寫《全宋詩尋幽探微》。 四月十一日接受臺北復興廣播電臺《名人專訪》節目主持人裴雯小姐訪問：談一生寫作歷程及大長篇《紅塵》寫作經過。 臺北《世界論壇報》副社長兼副刊主編詩人評論家周伯乃先生，特自五月三十一日起一連三天出版特刊，慶祝七十晉五誕辰暨創作五十五周年，除刊出〈小傳〉、〈七五人生一首詩〉、〈中國新詩與傳統詩詞的整合〉、〈叩開生命之門〉三篇新作外，並刊出蒙古族女詩人作家薩仁圖婭的〈墨人：屈原風骨中華魂〉，及馬來西亞霹靂州立女子中學校長，詩詞家、散文作家彭士麟女士論《紅塵》與大陸作家作品比較的書信，墨人著作校長，詩詞家、散文作家彭士麟女士論《紅塵》與大陸作家作品比較的書信，墨人著作目錄、美國兩個榮譽文學博士、一個人文學博士照片三張，《紅塵》獲獎照片一張，及周伯乃〈無限的祝禱〉文等。 八月七日，中國時報系的《工商日報・讀書版・大書坊》刊出蓓齡的《紅塵》墨人專訪文章，並配合攝影記者何日昌拍攝的墨人及《紅塵》四冊照片。 大陸廣州暨南大學中文系教授兼臺港暨海外華文文學研究中心主任、評論家潘亞暾，費時月餘撰寫《紅塵續集》論文達一萬餘字的〈偉大史詩的歸結〉，於九月二十一至二十五日在臺北市《世界論壇報・副刊》全文刊出，見解不凡，對《續集》的成功更使他大吃一驚，因此，更肯定《紅塵》的史詩價值、地位。 八月二十八日第十五屆世界詩人大會在臺北召開，僅提出〈中國新詩與傳統詩詞的整合〉論文一篇，並未出席、論文則由《中國詩刊》主編曾美霞女士代讀。
民國八十四年乙亥（一九九五）	七十五歲	一月，臺北文史哲出版社出版《墨人半世紀詩選》（一九四二—一九九四）。 一月十日應臺北廣播電臺《藝文夜話》主持人宋英小姐訪問，許導播秀玲決定十日開播《紅塵》全書四冊，每日廣播兩次。 中國詩歌藝術學會主辦、中國文藝協會協辦，於五月二十二日在臺北市中國文藝協會舉行《墨人半世紀詩選》學術研討會，與會詩人、評論家六十餘人，討論情況熱烈，並印發海峽兩岸評論家王常新、古繼堂、古遠清、李春生、楊允達、周伯乃等十三家論文專集。各家均推崇、肯定新舊詩兩方面的成就與半個多世紀的貢獻。

		英國劍橋國際傳記中心頒贈二十世紀文學傑出成就獎。 榮列一九九五年英國劍橋國際傳記中心出版的 The Definitive Book of the Deputy Directors General of the IBC.佔全書篇幅五頁，刊登照片五張，為全書之冠。
民國八十五年丙子（一九九六）	七十六歲	臺北中國詩歌藝術學會出版《十三家論文》論《墨人半世紀詩選》。 臺北圓明出版社出版涵蓋儒、釋、道三家思想的散文集《紅塵心語》。卷首有珍貴的文學照片十餘張。
民國八十六年丁丑（一九九七）	七十七歲	臺北中天出版社出版與《紅塵心語》為姊妹集的散文集《年年作客伴寒窗》，各篇亦均以五、七言詩作題，內中作者詩詞亦多，並附錄珍貴文學資料訪問記、特寫、著作目錄等十餘篇。出任「乾坤」詩刊顧問，並主編該刊古典詩詞。 完成《墨人詩詞詩話》、《全宋詩尋幽探微》兩書全文。
民國八十七年戊寅（一九九八）	七十八歲	構思六年的以佛學精義結合修行心得化為文學創作的長篇小說《娑婆世界》，於三月二十八日開筆，十二月脫稿。共三十八章，五十多萬字。 英國劍橋國際傳記中心（IBC）出版《二十世紀傑出人物》以照片配合文字將墨人傳記刊卷首重要位置，並頒發獎狀。大陸中國國際經濟文化交流促進會、燕京國際文化藝術研究會等七大單位編纂出版的《世界華人文學藝術界名人錄》，中國國際交流出版社出版的《世界名人錄》，均為十六開巨型中文本。
民國八十八年己卯（一九九九）	七十九歲	本年為來臺五十周年，創作六十周年，中國習俗八十歲，昭明出版社出版長篇小說《娑婆世界》。 美國傳記學會（ABI）出版二十世紀《五百位有影響力的領袖》，以照片配合文字將墨人傳記刊於卷首重要位置並頒發獎狀。照片及詩詞五首編入中國《當代吟壇》巨著。 美國「世界智庫」與艾因斯坦國際學會基金會」聯合頒贈墨人傑出成就榮譽獎，以紀念千禧年，並榮列中國出版的《中華精英大全》。 美國傳記學會頒贈墨人「二十世紀成就獎」。

民國八十九年庚辰（二〇〇〇）	八十歲	臺北昭明出版社陸續出版定本長篇小說《白雪青山》、《滾滾長江》、《春梅小史》；文學理論《紅樓夢的寫作技巧》，連同民國八十八年出版的長篇小說《娑婆世界》，並列爲墨人一系列代表作品，以慶祝墨人八十整壽。 臺北詩藝文出版社出版《墨人詩詞詩話》。 臺北文史哲出版社出版《全宋詩尋幽探微》。
民國九十年辛巳（二〇〇一）	八十一歲	臺北昭明出版社出版長篇小說定本《紅塵》全書六冊及長篇小說《紫燕》定本。
民國九十一年壬午（二〇〇二）	八十二歲	五月三日偕長子選翰赴上海訪友小住。 英國劍橋國際傳記中心授予「終身成就獎」。
民國九十二年癸未（二〇〇三）	八十三歲	八月底偕夫人及在臺子女四人經上海轉往故鄉九江市掃墓探親並遊廬山。
民國九十三年甲申（二〇〇四）	八十四歲	準備出版全集（經臺北榮民總醫院檢查無任何疾病。）巴黎 you-Feng 書局出版豪華典雅法文本《紅塵》。
民國九十四年乙酉（二〇〇五）	八十五歲	此後五年不遠行，以防交通意外，準備資料。計劃百歲前開筆撰寫新長篇小說。北京「中央出版社」出版《強國丰碑》，以著名文學家張萬熙爲題刊出墨人傳略，爲臺灣及海外華人作家唯一入選者。並先後接到北京電話、書函邀請寄送資料編入《一代名家》、《中華文化藝術名家名作世界傳播錄》。
民國九十五年丙戌（二〇〇六）至民國一百年（二〇一一）——	八十六歲至九十二歲——	重讀重校全集，已與臺北市文史哲出版社簽訂出版《墨人博士作品全集》合約，民國一百年年內可以出版。此爲「五四」以來中國大陸與臺灣所未有者。